MURMANN

VERENA PAUSDER

D1876162

DAS NEUE LAND

WIE ES **JETZT** WEITERGEHT!

THEMEN

Guten Morgen,

mein Name ist Verena Pausder.
Ich bin 41 Jahre alt.
Ich gehöre zu einer Generation, die keinen eigenen Buchstaben hat.
Vielleicht ein bisschen Y, sicher nicht X, und Z auch nicht wirklich.

Wir sind nicht mehr jung, wir sind aber auch noch nicht alt.
Wir stehen mitten im Leben – und haben seit Jahren eine Idee davon,
wie dieses Land zukunftsfähiger werden kann,
wie wir innovativer,
wie wir menschlich und verantwortungsvoll handeln wollen.

Wir haben geträumt,
wie wir die Gesellschaft,
wie wir Wirtschaft und Politik,
wie wir Bildung und Wissenschaft
modernisieren könnten –
wie sie aussehen könnte, diese Welt von morgen.

Jetzt hören wir auf zu träumen.
Jetzt fangen wir mit diesem Morgen an.
Jetzt beginnt das Leben in einem Neuen Land.

In diesem Buch will ich darüber sprechen,
wie dieses Neue Land aussehen soll.

Ja, sprechen.

Das Buch ist eine Rede,
eine leidenschaftliche Rede.

Das ist sicher ungewohnt.
Aber das gesprochene Wort
hat mich schon immer fasziniert.

Immer, wenn es wichtig wird,
greife ich zu Papier und Stift
und schreibe eine Rede.
Um durch Worte meine Gedanken und Gefühle auszudrücken.
Um das zu sagen, was mir wirklich wichtig ist.

Deshalb habe ich dieses Buch als eine große Rede geschrieben.
Denn das bin ich.
Das macht mich aus.
So kann ich mich am besten ausdrücken.

Vor allem, wenn ich die Landkarte eines Neuen Landes entwerfe.
Vor allem, wenn ich in Worte fassen will,
was meine Generation und mich bewegt.

Genau genommen sind es viele einzelne Reden.
Jede Rede für sich ist wichtig.
Es gibt die Bildungsrede,
die Politikrede oder die Digitalisierungsrede.
Reden zu Themen, die mich bewegen.
Themen, zu denen ich etwas zu sagen habe.

Und:
Ideen und Impulse für ein Neues Land.

Dieses Buch ist aber auch eine Rede
während einer globalen Krise.

Denn Corona ist ein Einschnitt in unser Leben.

Das wird keiner je vergessen.
Im Zeitraffer scheint sich aufzulösen, was bisher war.
Gewohnheiten, Gewissheiten, Überzeugungen – alles auf dem Prüfstand.
Gestoppt wurde ein Leben, wie wir es kannten –
und das so schnell,
so unwirklich
und so tiefgreifend,
wie es die Welt in den letzten Jahrzehnten nicht erlebt hatte.

In den vergangenen Jahren haben wir – auch ich –
viel und wohl etwas arglos von Disruption gesprochen,
dass sich Unternehmen,
dass sich das politische und wirtschaftliche Leben *radikal*
ändern müsse,
damit wir zukunftsfähig bleiben.
Jetzt haben wir gesehen,
wie unbarmherzig Disruption ist – wenn nichts mehr ist,
wie es gestern war,
und was »radikal« in Wirklichkeit bedeutet.

Aber,
wir haben trotz dieser Eruption auch erkannt,
wie gut wir sein können.
Und »gut« nicht nur im Sinne von fleißig, hartnäckig, zielstrebig.
Sondern »gut« in einem sehr menschlichen Sinne.

Wir steckten eigene Bedürfnisse zurück.
Nachbar*innen halfen und helfen sich gegenseitig.
Das Klagelied von anonymisierten Nachbarschaften
wurde ins menschliche Gegenteil umgekehrt.

Wir erleben Wertschätzung, ja Dankbarkeit für Menschen,
die dieses Land tatsächlich zusammenhalten,
und vor allem haben wir gelernt,
was Gemeinwohl tatsächlich bedeutet.

Gemeinwohl ist der Zustand, bei dem es nicht nur uns selbst,
sondern auch anderen gut gehen muss.
Und es war bei vielen, bei sehr vielen der Wille zu spüren,
ihre Kraft,
ihre Energie,
ihre Talente in dieses Gemeinwohl einzubringen.
Bei mir war es die Entwicklung einer Homeschooling-Website.
Weil die meisten Schulen die Krise unvorbereitet getroffen hat,
weil Eltern und Lehrer*innen mit Homeschooling
überfordert waren,
weil sie nicht wirklich wussten,
wie sie Schüler*innen unterrichten sollten, die nicht in der
Schule sitzen,
habe ich *homeschooling-corona.com* ins Netz gestellt.

Seit Jahren beschäftige ich mich mit digitaler Bildung,
habe digitale Lernwerkstätten und Anwendungen entwickelt,
habe viel von meiner Energie in eine neue,
bisher wenig beachtete Form der Bildung
gesteckt.

Meine Homeschooling-Webseite wurde während der Krisenmonate
hunderttausendfach aufgerufen und geteilt.
Es meldeten sich Lehrer*innen, Schulleiter*innen und Politiker*innen
aus ganz Deutschland,
und ergänzten, welche Lösungen es noch gibt,
um einen digitalen Unterricht zu gestalten.

Eine enorme Energie wurde freigesetzt,
Ideen sprühten,
die Veränderungsbereitschaft war immens.

Für mich eine absolut positive Erfahrung,
wie sich in der Krise zeigt,
was wirklich richtig und wichtig ist.
Und dass intensiv am Neuen gebaut werden kann,
ja, gebaut werden muss,
damit ein Neues Land entsteht.

Mir geht es nicht darum, in die Zukunft zu blicken,
und Vorhersagen zu machen.
Mir und meiner Generation geht es darum,
jetzt Verantwortung zu übernehmen.

Denn:
Das Neue Land ist da.

Es ist schon lange da.
Es ist digital, es ist weltoffen, es ist vernetzt,
es schätzt Familie und Beziehungen,
es ist kooperativ und innovativ,
es ist mobil und umweltbewusst,
es kennt die Bildung von morgen,
es riskiert etwas, es ist anständig, es ist politisch.

Man hat dieses Neue Land lange höflich behandelt.
Man hat sich mit dem Neuen Land geschmückt,
es als sympathische Ergänzung gesehen,
gerade das »Digitale« war eine hübsche Zierde für den Industriestandort,

aber:
Man hat es nie ernst genommen.
Nie wirklich ernst genommen.

Bis jetzt.

Corona hat, bei aller Menschlichkeit, Solidarität und Wertschätzung,
vor allem Versäumnisse offenbart.

In den vergangenen Monaten haben viele gesagt, was sich ändern muss.
Und doch sind es oft genau diejenigen,
die schnell in alte Verhaltensweisen zurückfallen.
Denn:
Warum sollte jemand, der sich vor der Krise gegen Veränderung,
gegen den Wandel gesträubt hat,
warum sollten diejenigen
plötzlich zu Gestaltern des Neuen werden?

In der Coronakrise offenbart sich vor allem unser Digitaldefizit.
Das Neue Land sprach schon lange
von Breitbandausbau,
von schnellem Internet,
von Künstlicher Intelligenz,
von Telemedizin und Onlinesprechstunden,
von digitaler Bildung,
von E-Government-Lösungen für
Arbeitsämter, Gesundheitsämter, Bürgerämter,
doch das verfing nicht, wie so vieles.
Bis jetzt.

Die Zahl der Versäumnisse ist hoch,
wie auch die Zahl der Beteuerungen, es von nun an anders zu machen.

In den vergangenen Monaten haben wir sehr oft,
vielleicht etwas zu oft, gehört,
was sich alles ändern wird,
wie sich die Welt,
wie sich das digitale Miteinander,
wie sich globale Lieferketten,
wie sich unser Konsum,
wie sich das Reisen,
wie sich die Zusammenarbeit verändern wird.

Dabei wächst mit jedem Tag,
in dem das Leben wieder »normal« wird,
immer auch die Gefahr, in alte Verhaltensmuster zurückfallen.
Weil es doch VOR der Krise gut war.
Weil diese nostalgische Sehnsucht nach dem »guten Früher« so stark ist.
Für mich dagegen ist die Sehnsucht nach einem guten Morgen viel stärker.

Das oberste Ziel eines guten Morgen ist,
einen Plan für die Zukunft zu schaffen,
eine Vision für das Land zu entwickeln.
Und gemeinsam das Neue Land zu bauen!
Es ist ein Leichtes, auf »die« Politik zu schimpfen,
ein Leichtes, alles besser zu wissen,
auf Twitter großspurig zu erklären, was jetzt wirklich getan werden muss.
Doch das wird nicht mehr reichen.

Aus meiner Sicht müssen wir neue Wege finden,
wie wir unsere Erfahrung
und auch unsere Umsetzungsstärke einbringen können –

und zwar jetzt, genau jetzt.
Jetzt beginnt die Zukunft.

Wer Kinder hat wie ich,
wer dieses Land liebt,
wer die Menschen dieses Landes liebt,
wer in diesem Land etwas bewegen will,
für den ist Zukunft nicht nur ein gesichertes Auskommen,
nicht nur persönlicher Wohlstand,
nicht nur Egoismus und Gleichgültigkeit.
Für den besteht das Morgen in einem positiven Zukunftsbild.

Die Frage ist doch:
Haben wir eine Zukunftsvision, die nicht abstrakt ist?
Kann es eine Zukunftsvision geben, die konkret ist?

Meine Vision ist das Neue Land.

In diesem Neuen Land zeigt sich Handlungsfähigkeit nicht
nur in offensichtlichen Krisen –
sondern auch in den vermeintlich unscheinbaren,
aber gleichermaßen wichtigen Herausforderungen – und zwar,
wenn es um die Erneuerung des Industriestandorts
Deutschlands geht,
wenn es um das Wegbrechen einstiger Wirtschaftszweige geht,
wenn es um Bildung, Nachhaltigkeit, Fortschritt und Zukunft geht.

Im Neuen Land klingen die Dinge nicht nur gut,
im Neuen Land werden keine »Pakete« geschnürt,
sondern Zukunftsbilder entwickelt.
Klare, nachvollziehbare Zukunftsbilder.
Der Drang, es gut klingen zu lassen, ist in der Politik

häufig stärker als die Aufgabe,
ein klares Ziel zu definieren,
und zu sagen, wohin wir wollen.
Das Ziel zu erreichen bedarf vieler, kleiner iterativer Schritte,
vieler Meilensteine und überschaubarer Arbeitspakete.
Einfach mal anfangen, statt zu lange darüber zu sprechen.
Das ist die neue Haltung.

Wir machen uns besser Schritt für Schritt an die Umsetzung –
als dass wir gewaltige Aufgaben, wie Klimaschutz oder
Künstliche Intelligenz,
vor uns herschieben – weil wir auf die perfekte Lösung warten,
statt einfach anzufangen.
Weil es noch nicht diese eine,
die perfekte,
die mit allen abgestimmte,
von allen befürwortete Lösung ist.

Weil das Alte Land noch immer den Takt vorgibt.
Weil wir uns noch viel zu sehr auf der Leistung vergangener
Tage ausruhen.
Viel zu sehr auf dem, was uns groß gemacht hat.

Aber, wie viele der derzeit im DAX vertretenen Unternehmen
sind in den letzten 25 Jahren gegründet worden?
Sind die Taktgeber im DAX nicht immer noch die Siemens'
und Daimlers,
deren Geschichte weit in das 19. Jahrhundert reicht?
Hier ist kein Apple, kein Tencent, kein Alphabet.

Und wenn wir auf das Rückgrat der deutschen Wirtschaft schauen,
den Mittelstand, auch da die Frage:

Wie viele Familienunternehmen, die heute einen Umsatz von mehr als einer Milliarde aufweisen oder mehr als 1000 Mitarbeiter*innen beschäftigen,
sind in den vergangenen 25 Jahren gegründet worden?
Wie viele Familienunternehmen
sind nicht bereits in der zweiten, dritten oder gar zehnten Generation tätig?

Antwort: Es sind nicht viele.
Es sind drei.
Drei der 500 größten Familienunternehmen Deutschlands wurden in den letzten 30 Jahren gegründet.

Das ist das Dilemma:
Wir verklären die Vergangenheit, verklären das, was uns groß gemacht hat.
Dabei lassen wir außer Acht,
welche enorme Leistungsbereitschaft,
welchen Einsatz,
welchen Mut,
welche Kraft es die Menschen schon damals gekostet hat,
Wohlstand aufzubauen,
wie sehr es schon damals auf Unternehmertum, auf unerschrockenes Handeln, und ja, auch auf das »ins Risiko gehen« angekommen ist.

Und vor allem lassen wir außer Acht,
wie viel Leistungsbereitschaft, Einsatz, Mut und Kreativität uns auch heute auszeichnet –
wie viel Leistungsbereitschaft, Einsatz, Mut und Kreativität im Neuen Land vorhanden ist.

Deshalb würde ich vorschlagen:
Kommen wir in der Gegenwart an.

Und Gegenwart heißt:
Wir fangen einfach an,
wir dürfen Fehler machen,
wir dürfen etwas riskieren,
wir dürfen uns gestatten,
die Komplexität nicht zu jedem Zeitpunkt zu beherrschen,
aber wir dürfen nicht im Besitzstand ersticken.
Wir müssen Neues wagen.

Ich weiß, ich habe es oft gehört:
Nicht so schnell, liebe Verena,
wir sollten uns nicht zu weit herauswagen,
auch nicht zu sehr auffallen.
Nicht zu sehr auf die Pauke hauen.
Bescheidenheit ist der Maßstab.
Und der Konsens. Und der Kompromiss.
Und ist eine neue Idee auch noch so gut
– sie muss demütig und bescheiden daherkommen.

Ich habe eine Reihe von Politiker*innen erlebt,
die eigentlich auch dem Neuen Land angehören,
die veränderungsbereit und mutig sind,
aber
ich habe erlebt, wie sie sich verändern, wenn aus ihnen
die Partei spricht,
wie schnell sie umschwenken
und oft wider besseres Wissen Dinge sagen,
die man als Vertreter*in der Partei eben zu sagen hat.

Doch: Menschen wählen Menschen,
glaubwürdige Menschen.
Und glaubwürdig ist, wer sich erklärt.
Und sich treu bleibt.

Das ist ein Wesenszug des Neuen Landes.

Man will wissen:
Was denkst DU? Warum machst DU es?
Warum stehst DU für diese Sache?
Und warum nicht?
Die jüngere Generation ist ohnehin ungeduldig,
das zeigen nicht zuletzt die Klimaproteste.

Ich zähle nicht mehr wirklich zu dieser jungen Generation – auch wenn ich in altehrwürdigen Industrierunden immer noch als die junge Start-up-Expertin begrüßt werde.
Aber die Ungeduld kann ich nachvollziehen.
Es braucht heute klare Antworten, und noch wichtiger:
Es braucht Handlungen.
Und echte Menschen, die sie umsetzen.

Der Wandel hat längst begonnen,
und es ist unredlich, so zu tun,
als könne man diesen irgendwie aussitzen.

Ich komme aus einer Unternehmerfamilie
mit einer fast 300-jährigen Tradition
im wahrlich disruptiven Textilgewerbe,
und weiß:
Wandel ist schmerzhaft. Wandel bedeutet tiefe Einschnitte.
Ein Wandel kann alles auf den Kopf stellen.

Aber: Ein Wandel ist nicht das Ende.
Wandel kann man aktiv gestalten.

Heute erleben wir den Übergang vom Industrie- zum Digitalkapitalismus.
Und wie bei den industriellen Revolutionen zuvor
denken wir wieder alle:
Es wird schlimmer.
Es wird aber nicht schlimmer.

Durch die jeweiligen industriellen Revolutionen hat sich
die Lebensqualität der Menschen verbessert.
Die Arbeitsbelastung ist geringer geworden.
Die Zahl der Arbeitsplätze hat zugenommen.

Mir ist bewusst: In einer Zeit, in der krisenbedingt
viele Arbeitsplätze verloren gehen,
kann der Glaube an eine neue Arbeitswelt verloren gehen,
auch wenn die Anzeichen bereits vor der Krise sichtbar waren.
Ich bin überzeugt,
dass wir noch nicht einmal ahnen,
wie viele Arbeitsplätze wir mit dem digitalen Wandel schaffen,
wie viel Arbeitsplätze im Neuen Land geschaffen werden.

Denn das, was vor uns liegt, hat eine Bedeutung,
die wir erst beginnen zu überblicken.

Wir erleben die Auswirkungen einer weltweiten Pandemie.
Menschen haben ihr Leben verloren.
Unternehmen haben harte Zeiten vor sich.
Arbeitsplätze gehen verloren, Träume zerplatzen,
Entwürfe und Konzepte haben sich erledigt.

Aber:
Es geht weiter.
Und wir haben nun zwei Möglichkeiten:

Erstens:
Wir können den Wandel tragisch und dramatisch finden,
und alle diejenigen, denen etwas weggebrochen ist,
irgendwie trösten und
so lange wie möglich notwendige Maßnahmen hinauszögern.

Oder zweitens:
Wir können etwas machen.
Wir können Chancen eröffnen.
Wir können den Menschen zeigen, was vor ihnen liegen könnte,
und gemeinsam mit ihnen ein positives Bild der Zukunft entwickeln.

Darin sehe ich die Aufgabe von Politik:
Wir brauchen politische Führung, die Chancen sieht,
und nicht nur in Krisen handlungsfähig ist –
sondern auch in »normalen« Zeiten.
Wir brauchen Menschen, die Verantwortung für die Zukunft übernehmen.
Wir brauchen mehr Engagement, mehr Fantasie, mehr Wille –
und vor allem einen Glauben daran,
mit verändern zu können.

Deshalb engagiere ich mich für das Neue Land!
Und auch, weil es langsam Zeit ist.

Einmal, 2003 mit Mitte 20, wollte ich mich bereits politisch einbringen.

Es hatte sich damals der Bürgerkonvent auf Initiative des
Sozialwissenschaftlers Meinhard Miegel gebildet.
Menschen aus der Mitte der Gesellschaft wollten
etwas gegen die »Lähmung« tun.
Sie wollten Deutschland besser machen.
Es gab den Appell, dass Deutschland »eine Schippe drauflegen« müsse.
Und diese Menschen fühlten sich diesem Appell verpflichtet.

Eine Partei war es noch nicht, eher eine Bürgerbewegung, der Beginn
einer Bewegung.
In jeder großen Stadt bildeten sich Stammtische.
Man traf dort Ärzt*innen, Steuerberater*innen, Beamt*innen,
Lehrer*innen, Menschen aus der Mitte der Gesellschaft,
Leistungsträger*innen.

Ich steckte gerade in meinem ersten Job bei der Münchener Rück.
Der Zusammenbruch der New Economy lag hinter uns,
und Deutschland erholte sich langsam von der Rezession.

Mir ging das alles nicht schnell genug.
Ich hatte das Gefühl, die Menschen – und gerade auch die Politik –
waren viel zu träge, das alte Land wiederaufzubauen.

Deshalb war ich so angetan von dieser Bürgerbewegung.
Sie stellte die Schaffenskraft nach dem Zweiten Weltkrieg
der Trägheit und »Sattheit« im Jahr 2003 gegenüber.
Allein die Videos der Initiative sprachen mich so sehr an.
Und die Sprache euphorisierte mich:
»Deutschland ist besser als jetzt!«
»Krempeln wir unsere Ärmel hoch,
sind wir uns für nichts zu schade, packen wir es an!«
Da wollte ich auf jeden Fall dabei sein!

Also ging ich zum ersten Treffen in einem Münchener Lokal
am Englischen Garten,
es war eine klassische bayerische Wirtsstube.
Die Decken niedrig, die Luft etwas stickig, schwere,
dunkle Holzmöbel.
Im Raum vielleicht hundert Menschen, viele Männer, kaum Frauen –
und alle älter als ich.
Aber wie die anderen war ich begeistert.
Endlich!
Endlich kommt Bewegung in unser Land!
Endlich, der berühmte Ruck! Da ist er!

Beim ersten Mal saßen alle an Tischen und auf Stühlen
kreuz und quer verteilt im Raum,
alle dicht gedrängt, alles leicht chaotisch.
Viel Energie und Aufbruch lagen in der Luft –
aber noch wenig Struktur.

Man sollte sich melden, wurde vom Organisator aufgerufen.
Dann sollte man sagen, warum man da sei
und was die Motivation sei, beim Bürgerkonvent mitzumachen.

Ich meldete mich als Zweite – und hob zu einem leidenschaftlichen
Vortrag an:
Dass ich Anfang 20 sei, noch lange in Deutschland leben würde und
meinen Beitrag leisten wollte, dass Deutschland zukunftsfähig bliebe.
Ich kam richtig in Fahrt.

Ich rief in den Raum, dass wir mehr Chancen als Risiken sehen,
nicht so viele Bedenken haben sollten,
uns einfach mal trauen sollten.
Das kam an.

Es gab viel Applaus, die Leute schienen begeistert,
dass sich eine junge Frau wie ich so für die Belange des Landes interessierte.
Beim zweiten Treffen ging es schon wesentlich gesitteter zu.
Es war derselbe Raum.
Aber es waren weniger Leute gekommen.
Vorne war ein Tisch aufgebaut, an dem vier Männer saßen,
jeder hatte ein Namensschild vor sich.
Wer die Männer ausgewählt hatte, war nicht klar und
warum sie da saßen,
welche Funktion sie hatten,
auch nicht.

Bei Wortmeldungen musste man nun sagen, wer man sei, wie alt,
welchen Beruf, Ausbildung
und
in welchem Bereich man sich ganz konkret engagieren wolle.
Zur Auswahl standen: Arbeitsmarkt, Soziales, Wirtschaft, Bildung.

Das hatte zur Folge, dass jeder, der sich meldete,
erst mal ausführlich seinen eigenen Lebenslauf referierte und
sich selbst im besten Licht darstellte.
Die Aufgerufenen erzählten,
was er oder sie schon Tolles gemacht hatten,
um schließlich vertiefend zu erläutern,
worin ihre Kompetenz im jeweiligen Bereich bestand.

Hinzu kam, dass weit mehr über die Politik geschimpft wurde,
als dass neue Lösungen oder Ideen vorgebracht wurden.

Am Ende wurde man einer Arbeitsgruppe zugeteilt.

Beim dritten Mal wurde dann endgültig begonnen,
»Strukturen« zu schaffen.
Ein Schatzmeister wurde ernannt.
Fast der ganze Abend bestand darin, Posten und Aufgaben
zu besprechen,
festzulegen, wer was macht,
und wer welches Amt bekommt.
Plötzlich war da eine Lähmung.
Der verbindende Geist hatte sich verflüchtigt.
Man dachte nur noch in Zuständigkeiten,
in regionalen Verbänden und Ausschüssen.
Ich konnte zuschauen, wie der Mehltau sich auf das senkte,
was sich immer noch euphemistisch »Bewegung« nannte.
Nur bewegen wollte sich keiner mehr.

Für mich eine betrübliche, aber rückblickend
auch eine erhellende Erfahrung.
Heute weiß ich:

Wir brauchen ein Neues Land.
Und wir dürfen nicht lockerlassen.
Wir werden es in Bewegung bringen.

Vielleicht sehe ich vieles zu »unternehmerisch«.
Vielleicht habe ich zu lange in einem Klima gelebt,
in dem man Dinge anpackt,
indem man nicht lange zögert, wenn man von etwas überzeugt ist.

Wer zwei Unternehmer als Eltern hat, kann sich dem kaum entziehen.

Beim Mittagessen musst du still sein, weil im Radio die Börsenkurse
genannt werden und gesagt wird,

wo der Goldpreis gerade steht.
Beim Abendessen geht es um die Firma,
und am Wochenende wird der Tisch frei geräumt,
weil Rechnungen gestapelt und abgearbeitet werden.
Das kann man blöd finden, weil man oft zu kurz kommt.
Weil man naturgemäß wenig von der Schule erzählen kann,
wenn im Radio Kurse verlesen werden.

Aber es kann einen mitreißen, es kann einen begeistern.
Denn Unternehmertum heißt immer auch:
Nichts ist wie gestern. Jeder Tag ist neu.
Es gibt keine Routine. Kein Tag ist egal.
Positiv wie negativ.
Du bist always-on.
Du musst immer alles geben.
Und immer gilt das Mantra:

»Das Glück ist mit den Tüchtigen!«

»Von nichts kommt nichts!«

»Mut wird belohnt!«

Alles Sätze, die mich geprägt haben.

Ja, das ist meine Sozialisation.
Mich hat es nicht genug abgeschreckt.
Ich habe es sogar richtig gemocht.
Deshalb bin ich selbst Unternehmerin geworden.

Weil ich es verinnerlicht habe,
das Gefühl,

sich etwas zu trauen,
etwas auszuprobieren,
einfach loszulaufen – auch wenn man nicht genau weiß, wohin es einen führt.

Ich habe die Erfahrung gemacht,
man läuft meist weiter, als man denkt,
man steigt oft höher als gedacht.

Damit das passiert, brauchen wir ein Ziel,
eine gemeinsame Richtung, in die wir laufen.

Gute Politik soll große Visionen entwickeln und große Wetten eingehen – aber:
der Weg dahin wird in kleine, messbare, schnelle Schritte zerlegt.

Keine*r im Neuen Land wartet auf den Riesenwurf.
Jede*r im Neuen Land weiß aber:
Wir brauchen ein Zielbild.

Nehmen wir es also in die Hand und modernisieren das Land.

Oder mit anderen Worten gesagt:
Das 21. Jahrhundert hat noch einmal begonnen.
Und es wäre schön, wenn viele mitmachen würden.

Denn:
Wir sind auf dem besten Weg, ein Naherholungsgebiet für China zu werden.
Diese Gefahr ist durch Corona nicht geringer geworden –
ganz im Gegenteil.

Wir sind fast selbstverständlich dabei,
Know-how, ganze Firmen, Patente nach Fernost zu veräußern –
und darauf zu vertrauen,
dass wir irgendwo immer noch Weltmarktführer sind.

Warum sind wir so?

Weil wir im Kopf noch zwischen 1983 und 1997 feststecken,
weil wir in Autos und Maschinen denken,
weil uns der Gedanke an die Zukunft verloren gegangen ist.
Doch ich bin mir sicher, meine Generation, und vor allem auch die Jüngeren, die wollen nicht verwalten,
sondern mitgestalten, wohin sich die Welt entwickelt.

Das ist der Kern des Neuen Landes:
Man wagt etwas, bevor man urteilt.
Man probiert etwas aus, bevor man es schlecht redet.

Wir haben alle wenig Ahnung,
wie die Technologie unser Leben noch umkrempeln wird.
Trotzdem halten wir an alten Statussymbolen fest,
an alten Industrien,
an einer veralteten Schulbildung,
an einem überholten Verständnis von Arbeit und Produktion.

Wir brauchen nicht nur neue Statussymbole.
Nicht nur ein neues Bewusstsein für Familie und Beruf,
für die Umwelt, Mobilität und Ernährung.

Wir brauchen ein Neues Land.

Jetzt ist die Zeit, etwas anders zu machen.
Jetzt ist die beste Zeit für ein Neues Land.

Warum?
Weil wir gezeigt haben, was in uns steckt,
zu was wir alles in der Lage sind,
und wozu uns zuvor die Fantasie,
die Ideen,
der Wille,
der Mut gefehlt haben.

Jetzt sind wir mutig. Jetzt fangen wir an!

BILDUNG
IM NEUEN LAND

Stellen Sie sich vor,
wir hätten vor Corona vorgeschlagen, Homeschooling einzuführen,
als Versuch, als Experiment,
und das über mehrere Wochen oder gar Monate.

Nichts wäre radikaler gewesen,
nichts hätte uns mehr beschäftigt als der geplante Start eines flächendeckenden Homeschooling-Programms.

Es hätte Debatten und Diskussionen gegeben,
wie das gehen soll,
was Schüler*innen können müssen,
wie Eltern das leisten sollen,
wie Lehrer*innen sich darauf vorbereiten können,
wer das organisiert,
wie das technisch machbar ist.

Vermutlich hätten wir es uns nicht zugetraut.
Weder Lehrer*innen, noch Eltern, noch Schüler*innen,
noch Bildungspolitiker*innen.
Kaum einer hätte den Mut aufgebracht.
Den Mut zur Lücke.

Und selbst, wenn wir uns dafür entschieden hätten,
dieses Experiment aus Spaß an der Erkenntnis für ein paar Wochen zu testen –
wir hätten Monate,
vermutlich Jahre gebraucht, um es vorzubereiten.
Viele Bedenken, viele Einwände hätten berücksichtigt werden müssen,
Einwände wie,
dass die Schüler*innen zuhause doch nur *Fortnite* zocken würden,
statt Latein zu lernen.

In den sozialen Netzwerken wären die Meinungen hochgekocht.
Am Ende hätten wir uns doch nicht getraut, zu
springen.
Der Widerstand und die offenen Fragen wären zu groß gewesen.

Und dann sind wir gesprungen.

Im Corona-Lockdown hatten wir weniger als eine Woche
Vorbereitungszeit.
Dann waren alle Schülerinnen und Schüler im Homeschooling.

Die Entscheidung wurde für uns getroffen,
und wir mussten bestmöglich mit ihr klarkommen.
Keine Debatten, keine Abwägungen.
Der Heim-Unterricht war da.
Das digitale Lernen wurde über Nacht Realität.

Das Virus erwies sich als
sehr wirkungsvoller Nachhilfelehrer an unseren Schulen.
Ja, man kann sogar sagen:
Corona war die effektivste, flächendeckendste Fortbildungsmaßnahme,
die unser Schulsystem je erlebt hat – vor allem
beim Thema Digitalisierung.
Verstehen Sie mich nicht falsch:
Natürlich wäre uns und unserer Gesundheit, Wirtschaft und Gesellschaft,
das Virus lieber erspart geblieben –
als dass wir es als Fortschrittsbringer feiern.

Aber unter den gegebenen Umständen hat es unser Schulsystem und
alle Beteiligten energetisiert,
in einem Maße, das niemand für möglich gehalten hatte.

Und das Positive ist:
Wir erwiesen uns als sehr lernfähig und sehr lernwillig.
Und trauten uns plötzlich viel mehr zu.

Über Nacht waren Eltern, Lehrer*innen und Schüler*innen gezwungen,
sich mit digitaler Schule zu beschäftigen.
Etwas, über das wir vorher jahrelang nur gesprochen hatten.
Etwas, das wie eine ferne Vision erschien.
Jetzt haben wir sehr konkrete Bilder im Kopf,
wie die Digitalisierung der Schulen aussehen kann.

Und diese neue gedankliche Freiheit werden wir im Neuen Land nutzen.
Um uns allen das zu erlauben,
was wir uns seit Jahrzehnten nicht gestattet haben:
nicht ideologisch, frei und mutig die Schule der Zukunft zu gestalten.

Erster Schritt:
Sagen wir bitte nicht mehr,
dass uns die Schule von gestern nicht geschadet hat,
und dass gerade wegen der Schule von gestern etwas aus uns geworden ist.

Fangen wir an – auch im Sinne unserer Kinder –
die Schule von morgen zu denken,
den Unterricht neu zu denken,
die Bildung des Neuen Landes neu zu denken.

Was brauchen wir?
Und was brauchen wir nicht?
Im Hinblick auf den Schulunterricht brauchen wir tatsächlich viel weniger, als wir glauben.

Weniger ist mehr.
Vor allem mehr Freiraum für Neues.

Wir werden nicht immer mehr Lernstoff unterbringen können.
Das Curriculum muss entschlackt werden.
Erst dann ergibt sich ein Freiraum für
projektbasierten, fächerübergreifenden Unterricht,
und vor allem für Kreativität.
Es ist dann nicht mehr so wichtig,
was wir in welchem Fach ansiedeln,
welchen Zuschnitt die Fächer haben –
es ermöglicht uns, an Projekten zu arbeiten,
die uns etwas beibringen,
die uns weiterbringen.

Wer werden uns klar vom Lernprinzip entfernen:
Buch für Buch, Seite für Seite.

Vielmehr wird es ein Unterricht sein,
der stärker das Ziel als den Weg vorgibt.
Ein Unterricht, bei dem der*die Lehrer*in
zum*zur Lernbegleiter*in wird –
und zwischen analogem und digitalem Unterricht wechseln kann.

Nutzen wir dazu die Technologie, die für uns alle längst Alltag ist.

Was spricht dagegen, für das Fach Geschichte einen Podcast
aufzunehmen.
Die Weimarer Republik auf die Ohren? Warum nicht?
Jugendliche sind Dauer-Podcasthörer,
und es wäre nur konsequent,
das Medium auch mit ihren eigenen Gedanken und Inhalten zu füllen.

Ermutigen wir unsere Kinder,
eigenen, hochwertigen Content zu erstellen,
statt reine Konsumenten zu sein.

Oder wir bauen neue Lernorte.
Konzipieren wir das Klassenzimmer von morgen.
Vermessen wir es in Mathe,
beschreiben wir es in Deutsch,
bauen oder malen wir es im Kunstunterricht
– und füllen wir es danach mit Leben.
Oder erstellen wir ein E-Book im Sachkundeunterricht über Ozeane.
Oder recherchieren wir die täglichen Nachrichten und senden sie als Klassen-Tagesschau über einen eigenen Videokanal.

Erstellen wir einen Klassenblog,
in dem jede*r Eindrücke oder Wochenenderlebnisse für seine Mitschüler*innen hochladen kann.

Oder drehen wir einen Stop-Motion-Film auf Englisch, in dem wir fiktive Geschichten erzählen.

Das ist alles machbar, alles schnell umsetzbar.
Und es ist sicher keine nette »Ergänzung« zum »eigentlichen« Unterricht.

Mein 12-jähriger Sohn hat während des Lockdowns
im Deutschunterricht das Gedicht
»Herr von Ribbeck auf Ribbeck im Havelland« auswendig gelernt.
Natürlich konnte er es nicht
vor der Klasse vortragen.
Also nahm er sich auf Video auf.

Er richtete die Kamera aus, setzte sich einen Strohhut auf den Kopf.
Dann suchte er im Netz ein Hintergrundbild mit einem Birnbaum,
nahm eine Birne in die Hand und sprach:
»Herr von Ribbeck auf Ribbeck ...«

Nach der Aufnahme unterlegte er das Gedicht mit leiser Musik,
blendete den Titel ein
und verschickte sein Birnbaum-Werk an seinen Deutschlehrer.
Er machte alles selbst,
suchte alles selbst zusammen,
hat alte Lyrik mit moderner Technik verquickt,
und wird das Gedicht vermutlich nie mehr vergessen.
Darum geht es: Dass in neue Formate einerseits
klassische Lerninhalte einfließen,
andererseits Schüler*innen ganz selbstverständlich
mit Zukunftskompetenzen vertraut gemacht werden.
Kompetenzen, die wir im Neuen Land benötigen.
Wann, wenn nicht jetzt wollen wir sie unseren Kindern beibringen?

Die Karten werden gerade neu gemischt.
Und wie kreativ wir alle sein können, haben wir gezeigt.

Wir waren gezwungen, mit dem zu hantieren und zu lernen,
was wir in unserem
unmittelbaren Umfeld hatten.
Wir wurden zu Meistern der Improvisation,
lernten von Tag zu Tag,
wuchsen über uns selbst hinaus.

Verankern wir diese Haltung stärker in den Schulen.
Warum haben nicht mehr Schulen Werkstätten –
analoge wie digitale?

Orte, an denen Dinge ausprobiert, umgesetzt werden?
Orte, an denen nicht nur theoretisch etwas vermittelt,
sondern etwas sehr direkt erfahrbar wird.

In Armenien gibt es eine staatliche Bildungsstätte,
das Tumo Center for Creative Technologies.
Dort können Kinder und Jugendliche jenseits des Curriculums
neue Lernfelder, wie
Game Design,
digitale Fotografie,
Robotics oder
Film Making wählen.

Sie loggen sich an den Rechnern im Center ein
und erarbeiten sich anhand individueller digitaler Lernpfade sowie
Workshops mit anderen Kindern
selbstbestimmt diese Zukunftskompetenzen.
Armenien ist ein interessantes Beispiel.
Es ist eines dieser kleinen Länder,
die über wenige Rohstoffe und Bodenschätze verfügen,
und die sich daher intensiv um den Rohstoff Bildung kümmern.

Wir sind ein großes Land – die viertgrößte Volkswirtschaft der Welt –
und das muss auch absolut unser Selbstverständnis sein.
Auf dem Rohstoff Bildung muss im rohstoffarmen Deutschland
das Hauptaugenmerk liegen –
aber eben auch auf der Tatsache,
dass Bildung zwingend mit dem verknüpft sein sollte,
was einer gegenwärtigen und künftigen Lebens- und Arbeitsrealität
entspricht.

Es gibt beispielsweise sehr gute Gründe, Latein zu unterrichten.
Gründe, die nicht unmittelbar erkennbar sind,
die aber die Art und Weise des Lernens positiv beeinflussen,
die ein Fundament für das Verständnis von Wissen schaffen
und logisches Denken schulen können.

Aber genau das kann das Programmieren oder Coding auch.

Warum sehen wir Coding nicht als das Latein der Zukunft?
Warum verankern wir das Programmieren nicht viel tiefer im Schulalltag?

Nicht, weil jede*r Programmierer*in werden muss.
Sondern weil uns Coding Zukunftskompetenzen beibringt:
Problemlösekompetenz,
Fehlerkultur,
Teamfähigkeit und Entscheidungsfreudigkeit.
Denn Programmieren ist auch ein gemeinschaftliches
Einfach-mal-ausprobieren –
und nicht eine kalte Wissenschaft.

Und diese Erfahrung sollte früh,
spätestens in der Schule gemacht werden.

Im Neuen Land werden digitale Geräte in den Unterricht eingebunden.
Und zwar nicht als Spielerei
oder weil Digitalisierung gerade in aller Munde ist,
sondern weil es unser Anspruch an das Bildungssystem sein muss,
Kinder zu mündigen Bürgern der Zukunft auszubilden.
Und dazu gehört fast schon zwingend der Umgang mit digitalen Geräten, Inhalten, Tools und Kompetenzen.
Das ist das Handwerkszeug der Zukunft.

Das ist die Lebens- und Arbeitsrealität von morgen.

Darauf müssen Kinder vorbereitet werden.

Ich war in den vergangenen Jahren in sehr, sehr vielen Schulen.
Und die größte Härteprüfung dort ist:
Bei einem Elternabend in der Grundschule vor 60 Menschen zu erklären,
wie sinnvoll der richtige Einsatz von digitalen Geräten bei Kindern ist.
Da wird man wie die Inkarnation des Bösen betrachtet.

Sie reden von Kindern,
die lesen, schreiben und rechnen lernen sollen,
und ich rede von logischem Denken, Zukunftskompetenzen, Programmieren, von Robotics.
Nicht, dass sich das ausschließen würde, aber wir reden trotzdem aneinander vorbei.
Es gibt wenige Orte, an denen Überzeugen so schwer ist,
wie auf einem Elternabend.
Womit ich Eltern allerdings meistens überzeugen konnte,
ist mit einem
Roboterkopf.

Das ist ganz einfach und schnell erklärt.
Ein Kind bekommt einen mit Alufolie beklebten Karton aufgesetzt – und ist der Roboter.
Es kann nichts sehen und wird von den anderen Kindern nur mit Worten und Anweisungen durch den Raum geführt:
»Geh nach vorne!« »Geh links!« »Dreh dich!«
Im Verlauf werden die Kinder ermuntert, präzisere Befehle zu geben:
»Mach drei Schritte nach hinten! Zwei nach vorne!« »Dreh dich zu mir hin!«

Das ist vergleichbar mit Topfschlagen, aber im Grunde ist genau das schon digitale Bildung.
Es kommt auf die Genauigkeit von Befehlen an.
Wie beim Programmieren.

Roboter oder Computer machen nur,
was man ihnen sagt.
Und je genauer man ihnen etwas sagt, desto genauer machen sie es.
Das ist auch digitale Bildung.
Ohne Geräte, ohne iPhone, ohne Spielekonsole.

Auf diesem recht simplen Weg wird Kindern in einem ersten Schritt beigebracht, was Programmieren ist,
und dass letztlich sie bestimmen, was der Computer macht – und nicht umgekehrt.
Je früher sich diese Einsicht durchsetzt,
desto sicherer gehen sie auch später mit digitalen Werkzeugen um –
und sehen die Chancen, die es mit sich bringt, Gestalter der Zukunft zu sein.

Und wenn sich dann ein bisschen Verständnis zeigt,
bei Eltern, bei Lehrer*innen,
wenn klar wird, dass Zukunft nicht nur aus Schrecken und Gefahren besteht,
fühle ich mich bestätigt,
dass Nostalgie und auch Furcht nicht Richtschnur für zukünftiges Verhalten sein dürfen –
auch wenn die Zukunft auf den ersten Blick nicht klar erkennbar ist.

Das ist der Kern des Neuen Landes:
Man wagt etwas, bevor man urteilt.
Man probiert etwas aus, bevor man es schlecht redet.

Es empfiehlt sich generell,
einen anderen Blick auf die Dinge zu werfen,
vermeintliche Gewissheiten zu hinterfragen.

Übrigens auch, wenn es um Haltung und Wahrheit geht.
Schule heißt ja auch, das kritische Denken zu schulen,
Dinge zu beurteilen, sich nichts vormachen zu lassen.
Dabei geht es um die Frage:
Wo liegt die Wahrheit? Wie findet man sie heraus?
Bringen wir unseren Kindern in der Schule von morgen bei,
Haltung zu zeigen, eine Meinung zu vertreten!

Debattierclubs werden Teil des Unterrichts sein.
Wie auch die Fähigkeit, Petitionen zu starten – online wie offline.
Argumente vorzutragen und sie zu verteidigen.
Positionen zu beziehen.

Und lernen wir voneinander –
lassen wir Schüler*innen von anderen Schüler*innen lernen,
gehen wir an Projekttagen nicht nur ins Museum,
sondern besuchen wir andere Schulen,
schauen wir uns dort etwas ab.
Konzerne fahren auch zu Start-ups und schauen sich dort
New Work in der Praxis ab.

Arbeiten wir miteinander an neuen kreativen Lösungen,
bilden wir schulübergreifende Projektgruppen,
trauen wir uns mehr Praxis, mehr Realität zu.

Und wenn wir schon dabei sind,
Unterrichtsinhalte neu zu denken,
denken wir doch gleich den Lernort Schule neu.

Denken wir in Kleingruppen,
denken wir an mehr Videokonferenzen auch für Schüler*innen.

Die Digitalisierung ermöglicht schon längst
mobiles, zeit- und ortsunabhängiges Lernen.

Es müssen nicht mehr alle Kinder gleichzeitig im Klassenzimmer sein,
damit Unterricht stattfinden kann.
Das Aufteilen in kleinere Gruppen kann
auch in Zukunft das Lernen beflügeln.

Kinder und Jugendliche können sich
besser selbst organisieren, als wir denken,
trauen wir ihnen das einfach auch in Zukunft zu.

Was wir aber auch festgestellt haben,
und das ist mir außerordentlich wichtig:
Kein Roboter der Welt wird jemals Lehrer*innen ersetzen können.

Es war das soziale Miteinander, das in den Krisenmonaten gefehlt hat,
die Interaktion.
Nicht die Fülle an Aufgaben, Wissensvermittlung und
Lernprogrammen.

Gefehlt hat vor allem die Nähe zu den Lehrer*innen. Der Austausch.
Natürlich haben Schüler*innen besonders ihre Mitschüler*innen
vermisst,
aber auch den Menschen,
der sie beim Lernen begleitet, im Idealfall motiviert und inspiriert.

Wenn Lehrer*innen die Fixsterne unseres Schulsystems sind,
die Menschen, um die unsere Kinder in der Schule kreisen,

die mithelfen, Talente in unseren Kindern zu entdecken und
zu fördern,
die maßgeblich dazu beitragen,
ob unsere Kinder Spaß am Lernen und damit am Leben haben –
warum haben Sie dann nicht einen viel größeren Stellenwert in
unserer Gesellschaft?

Lehrer*innen veredeln den einzigen Rohstoff,
den wir in diesem Land haben und nicht importieren müssen.
Sie bilden die mündigen Weltbürger*innen von morgen aus,
sie machen unsere Kinder zu Zukunftsgestalter*innen.

Schenken wir ihnen deshalb mehr Anerkennung und Respekt.
Und mäßigen wir unsere Leidenschaft,
ständig Defizite bei »den Lehrer*innen« aufzudecken.
Das hätte einen enormen Effekt auf nachfolgende Generationen,
die sich entscheiden, Lehramt zu studieren.

Die Freude am Job steigt. Ebenso wie der Anspruch.
Die Messlatte wird höher gelegt,
Engagement wird sichtbar,
im besten Fall gibt es einen Schneeballeffekt und Lehrkräfte
stecken sich in ihrer Begeisterung an.
Es wäre – nach der Distancing-Phase –
eine absolut wohltuende Ansteckung.

Und weil Bildung unser wichtigster Rohstoff ist,
sollten wir dafür sorgen,
dass keiner mehr durchs Raster fällt,
dass alle eine Chance bekommen.
Dass wir nicht diejenigen vergessen, die nicht die
lauteste Stimme haben.

Dass alle Schüler*innen einen Computer zu Hause haben –
und dass ein Internetzugang eine Selbstverständlichkeit ist.
Eine Selbstverständlichkeit wie Strom, wie Wasser, wie Wärme.
Eine Selbstverständlichkeit, die wir allen ermöglichen.

Denn:
Digitale Bildung und Medienkompetenz sind keine fixen Ideen
von ein paar Start-up-Hipstern,
sondern das Fundament des Neuen Landes.
Das Fundament für Chancengerechtigkeit und Inklusion.

Und nehmen wir bei digitaler Bildung besonders die Mädchen mit.
Sie sollen in Zukunft mit der gleichen Selbstverständlichkeit
Programmiererinnen,
Ingenieurinnen,
User Interface Designerinnen und
Astronautinnen werden.

Wenn ich Mädchen mit sechs Jahren in unseren Digitalwerkstätten
beobachtet habe,
wie sie mit Neugier und Begeisterung, sehr selbstbewusst und
selbstverständlich,
an digitale Bildung herangegangen sind,
dann war das ein anderes Bild, als wenn sie mit 13 oder 14 Jahren
zum Girls Day kamen.

Mit 13 war das Feuer oft schon erloschen.
Es fehlten andere Mädchen, die die Begeisterung teilten.
Es fehlte ein Zugang zu technischen Themen,
und vor allem fehlte das Selbstbewusstsein,
ein weiblicher Nerd sein zu dürfen.

Entfachen wir dieses Feuer schon früh
und lassen wir es dann bis zur Ausbildung oder zum Studium nicht mehr ausgehen.

Das ist ein zentrales Anliegen für Bildung im Neuen Land.

Und im gleichen Maße, wie wir unseren Kindern Flügel verleihen wollen,
wachsen wir jetzt auch selbst über uns hinaus.

Wir setzen den Digitalpakt schnell und unbürokratisch um
und statten alle Schulen mit WLAN, Geräten und
Systemadministration aus.

Und weil es nicht genug Systemadministrator*innen gibt,
gründen wir eine Systemadministrator*innen-Allianz.

Unternehmen ab einer gewissen Größe verleihen ihre*n Systemadministrator*in freiwillig für mindestens einen Tag im Monat an eine Schule in der Umgebung.
In einer Sprechstunde für Lehrer*innen können technische Probleme besprochen und gelöst werden.
In einem nächsten Schritt wird es dann einen Pool an technischen »Hausmeister*innen« geben, die mehrere Schulen betreuen.

Verlässliches WLAN wird in Schulen so wichtig sein wie
die Deckenbeleuchtung und der saubere Hof – mindestens.
In den Bildungseinrichtungen des Neuen Landes
braucht es ein Selbstverständnis
vom Zusammenspiel analoger und digitaler Bildung.

Erarbeiten wir eine digitale Transformations-Blaupause für
unsere Schulen
und reichen sie wie die Olympische Flamme
von Schule zu Schule weiter.
Damit sie alle erreicht –
und den Weg ebnet, Lehrer*innen weiterzubilden.
Und zwar mit neuen, zielorientierten
und vor allem undogmatischen Methoden.

Kinder könnten ab jetzt optional immer einen Tag pro Woche von
zu Hause lernen.
Einmal pro Woche gibt es Online-Unterricht und digitale
Lernräume.

So wird digitale Infrastruktur von Lehrer*innen und Schüler*innen
weiter genutzt,
so verfestigen sich digitale Fähigkeiten an den Schulen.
Und so haben wir auf natürliche Weise einen Fortbildungstag pro Woche,
der nichts kostet,
der eine flächendeckende Sofortmaßnahme ist
und zum Learning on the Job anregt.
Inhalte und digitale Anwendungen
sind Teil einer Schul-Cloud,
die besonders an den Distanztagen genutzt werden kann.
Damit jede*r Lehrer*in weiterhin
praktische Erfahrungen im Umgang mit digitaler Infrastruktur sammelt.
Und denken wir das Prinzip des Voneinander-Lernens
einfach weiter:

Machen wir qualifizierte Lehrer*innen
zu Mobilen Digitalen Lerncoach*innen.

In jedem Schuljahr suchen wir bundesweit rund tausend Lehrer*innen,
schulen sie und senden sie als Lerncoach*innen
in ihrem jeweiligen Bundesland im Wochentakt von Schule zu Schule.
Dort begleiten sie Kolleg*innen in ihrem Unterricht,
führen Schulungen durch,
geben Feedback, präsentieren Best-Practice-Beispiele,
machen Mut
und erzeugen Aufbruchsstimmung.

Wir haben hier eine einmalige Chance.
Wir haben eine fast schon historische Chance,
Bildung völlig neu zu denken.
Und aus Bewährtem und Neuem etwas Zukunftsfähiges zu schaffen.
Von dem wir alle profitieren.
Und mit alle meine ich alle.
Also auch uns.

Viele von uns können keinen Wordpress-Blog selber aufsetzen,
können kein *Photoshop* bedienen,
können kein mit dem Smartphone aufgenommenes Video schneiden,
keinen Podcast im Netz hochladen.
Auch wir haben – wie die Lehrkräfte – Nachholbedarf bei Digitalkompetenzen.

Dann lassen wir uns doch, im Sinne eines Lifelong Learning,
gemeinsam mit – oder von unseren Kindern – fortbilden.
Wir können gemeinsam mit ihnen digitale Anwendungen ausprobieren,
Spiele programmieren oder Filme drehen.

Es gibt so viel, was wir selbst noch nicht kennen
und noch nie ausprobiert haben.
Entfachen wir diese kindliche Neugier ins uns wieder,

lassen wir uns von unseren Kindern mitreißen.
Bleiben wir näher an unseren Kindern dran,
nicht nur emotional,
sondern auch technisch.

Wie wäre es als Familie mit einer wöchentlichen Zukunftsstunde?

In dieser Zukunftsstunde darf jedes Familienmitglied
eine digitale Anwendung,
ein Online-Spiel,
ein Programmierprogramm vorschlagen – mit dem sich dann die ganze Familie beschäftigt.
So wie wir uns ganz selbstverständlich
zum Brettspiel am Wohnzimmertisch treffen.

In der ersten Woche könnten wir ein Haus mit Lichtschaltern und toller Einrichtung in *Minecraft* bauen.
In der zweiten Woche einen Stop-Motion-Film mit *Lego-Männchen* drehen.
In der dritten Woche einen Podcast aufnehmen.
Und in der vierten Woche ein eigenes Spiel mit *Scratch* programmieren.
Scratch ist eine sehr einfache, intuitive Programmiersprache,
mit der jede*r, wirklich jede*r, sofort loslegen kann.

Wachsen wir gemeinsam mit unseren Kindern,
entwickeln wir den Anspruch, nicht nur Konsument*innen,
sondern Gestalter*innen der Welt von morgen zu sein.

Gestalten wir dazu die Schule neu,
und schaffen wir ein neues Fundament für Bildung.

Denn Bildung ist das Fundament des Neuen Landes.

Konkrete Ideen für das Neue Land

▶ Systemadministrator*innen-Allianz

Ganz wichtig: Schulen sind technisch nicht immer auf der Höhe. Hat Corona gezeigt.Es braucht funktionierende digitale Infrastruktur, professionelles Systemmanagement. Gerade, wenn durch den Digitalpakt viele Geräte an die Schulen kommen. Deshalb: Organisation einer Allianz, die System-Administrator*innen an Schulen »verleiht« und einen Technik-Austausch zwischen Unternehmen und Bildungseinrichtungen organisiert.

▶ Zukunftsstunde

Ganz einfache Idee, kann jede Familie sofort umsetzen. Einfach am Sonntag hinsetzen, zum Beispiel zwischen 17 und 18 Uhr, und die Familie probiert aus, was in den Geräten, in den Smartphones und Laptops noch steckt, sie entdecken gemeinsam neue Programme und Tools: Stop-Motion-Filme, Programmierkurse, digitale Spiele, alles möglich.

POLITIK
IM NEUEN LAND

Gustav Heinemann war ein pragmatischer Mann.

Wer sich politisch engagiere,
wer mit 20 Jahren in eine Partei eintrete,
müsse nicht den Ehrgeiz haben,
»als 70- oder 80-Jähriger mit derselben Parteifahne beerdigt« zu werden.
Alles würde sich finden, Schritt für Schritt.
Sich von der Wiege bis zur Bahre einer Partei zu verschreiben,
immer zu reden und zu handeln, wie es Parteilinie verlangt,
sei nicht unbedingt empfehlenswert.

Gustav Heinemann selbst war in fünf verschiedenen Parteien.
Unter anderem war er vor dem Zweiten Weltkrieg
Mitglied der Studentenorganisation der linksliberalen DDP,
nach dem Krieg Mitbegründer der CDU,
und schloss sich dann, 1957 der SPD an.
Er suchte nicht nach ideologischer Treue,
sondern nach Menschen, mit denen er gemeinsam Ziele durchsetzen konnte.

1969 wurde er der dritte Präsident der Bundesrepublik Deutschland.
Ein bis heute wegen seiner Klarheit und Offenheit
sehr geschätzter Präsident.
Viele kennen ihn zwar nur noch als Briefmarke,
denn lange Jahre klebte sein Porträt auf fast jedem Brief in Deutschland.

Auch ich kenne ihn als Briefmarke – und aus Erzählungen.

Denn: Gustav Heinemann war mein Urgroßvater.

Ich habe ihn nie kennengelernt,
er starb drei Jahre vor meiner Geburt.
Aber meine Großmutter, seine Tochter,
hielt die Erinnerung wach.
Zu Weihnachten bekamen wir seine gesammelten Reden geschenkt,
natürlich auch die Briefmarken in Erstausgabe,
und sogar Orden hat er uns vererbt.
Die wollte er offenbar schon zu Lebzeiten nicht haben.

Alles schöne Dinge, aber inzwischen blicke ich
besonders stolz auf das andere Erbe,
das immaterielle Erbe.

Auf dieses Sich-selbst-treu-bleiben,
und vor allem auch auf die Fähigkeit und den Mut,
die Seiten zu wechseln.
Eben nicht ideologisch zu denken und handeln,
sondern seinem Gewissen und seiner Überzeugung zu folgen.

Das hat etwas sehr Angstfreies,
etwas sehr Selbstbewusstes,
sich nicht zu verbiegen
und seinem Leben immer wieder eine neue Wendung zu geben,
ohne sich dabei zu verlieren.
Oder als Opportunist zu gelten.

Vor allem aber zeigt mir das Handeln meines Urgroßvaters,
wie wichtig es ist,
Durchlässigkeit in der Politik zuzulassen.
Und wenn es uns, mit Blick auf die Politik,
an etwas fehlt,
dann sicher an Durchlässigkeit.

Dass Menschen aus der Wirtschaft in die Politik
    oder Menschen aus der Politik in die Wirtschaft wechseln.
Damit nicht jeder im eigenen Saft schmort.

Und Wechseln heißt nicht,
die lange Karriere noch mit einem Mandat zu krönen,
sondern Wechseln heißt,
schon viel früher den Mut zu haben,
ein neues Spielfeld zu betreten.

Mein Urgroßvater war überzeugt:
»Politik muss jedermanns Sache werden.
Man darf sie nicht den Fachleuten überlassen.«

Weil politisches Engagement aber meist mit Parteizugehörigkeit
verbunden ist, tun sich die meisten schwer damit.
Ich auch.
Denn Parteizugehörigkeit heißt immer auch,
die Rituale des »Sich-auf-Kosten-anderer-zu-profilieren«,
die Rituale des »Truppen-um-sich-scharen«,
die Rituale des »Auf-Linie-bleiben«
zu kultivieren.
Was nicht mehr zeitgemäß ist.

Und wie mir geht es vielen.

Ich kenne genau zwei Menschen meiner Generation,
die in der Wirtschaft arbeiten
    und sich ernsthaft vorstellen können,
in die Politik zu gehen.

Alle anderen haben förmlich Abstoßungsreaktionen.

Wie kann es mehr Austausch zwischen
Politik, Wirtschaft, Wissenschaft und Gesellschaft geben,
der nicht darin mündet,
lediglich Partikularinteressen vorzutragen
und Missstände anzuprangern?
Sondern wirklich ins Machen zu kommen.
Und wie kann es mehr und effektivere Interaktionsmodelle
zwischen langfristiger Politik und
gesellschaftlichem Engagement geben?
Wie können wir ein Umfeld schaffen,
in dem sich mehr Menschen trauen,
als Querwechsler*innen in die Politik und Verwaltung zu gehen?
Ich habe mich ganz bewusst für das Wort
»Querwechsler« entschieden,
weil es eine gewisse Dynamik hat –
und nicht nur der Karriereaspekt wie beim »Seiteneinsteiger«
im Vordergrund steht.

Die Basler Politikprofessorin Stefanie Bailer
sagt über Querwechsler*innen in der Politik,
dass sie »den Parlamentarismus nur voranbringen können«.
Und sie nennt ganz klar die Gründe:
Die Querwechsler*innen haben Führungserfahrung in der
Privatwirtschaft.
Und sie bringen neue Erfahrungen und Ansichten mit.
Vor allem aber seien Querwechsler*innen
»recht offen gegenüber mehr Bürgerbeteiligung«,
das wiederum mache das im Parlament vertretene Meinungsbild
breiter, heterogener – besser!

Die Hertie School of Governance hat eine Studie
mit 25 Querwechslern*innen in der Verwaltung durchgeführt.

Die Wechsler*innen seien absolut hilfreich, heißt es da –
gerade im Hinblick auf die Digitalisierung.
Sie denken und handeln innovativ –
und sind weniger bewahrend.

Doch trotz dieser positiven Einschätzung hat Deutschland
die wenigsten Querwechsler*innen in Europa.

Dabei würden Durchmischung, Diversität und Durchlässigkeit
Politik und Verwaltung sicher besser machen.
Mehr Durchlauf, weniger Sitzfleisch täten dem politischen System gut.
Das gilt für Parteien, die sich erneuern müssen,
aber auch für Ämter.

Was also können wir tun?

Wir führen ein Politician-in-Residence-Programm ein.
Das funktioniert analog zum Entrepreneur-in-Residence-Programm,
wie wir es in der Start-up-Szene praktizieren.

Dort gibt es Hochschulabgänger oder Berufsanfänger
mit digitalen Geschäftsideen im Kopf,
aber wenig Erfahrung im Berufsalltag.

Als Sprungbrett für die eigene Gründungsidee arbeiten sie
bei Start-ups und Inkubatoren.
Diese geben den künftigen Jungunternehmer*innen die Chance,
über einen Zeitraum von etwa einem Jahr so viel Erfahrung zu sammeln,
bis sie das Zeug für die eigene Firmengründung haben.
Im Gegenzug bekommen die Unternehmen
unternehmerische Mitarbeiter*innen,
die konkrete Projekte vorantreiben und umsetzen.

Überträgt man dieses Konzept auf die Politik,
dann bedeutet das:
Menschen werden für einen festen Zeitraum von zwei Jahren
in die Politik wechseln.
Im besten Fall sind es keine Berufsanfänger*innen,
sondern Menschen,
die beruflich bereits etwas erreicht haben,
die gegründet, gearbeitet, etwas geleistet haben
und für die Politik eine echte Option sind.
Die
berufsbegleitend im Team eines*r Bundestagsabgeordnet*en
mitwirken,
aber eben nicht als Praktikant*in,
sondern als Praktiker*in,
eher wie ein Executive MBA.

Es geht dabei immer um einen Austausch auf Augenhöhe,
um Verständnis und Erkenntnis:
»Warum hast du im Ausschuss dafür gestimmt,
obwohl du vorher vertreten hast, was dagegen spricht?«,
wäre eine von vielen Fragen,
mit der sich klären ließe,
was Politik ist und wie Politik gemacht wird.

Es würde in jedem Fall Hürden abbauen,
man würde sich wechselseitig mit Input stärken.

Aber, wie kommen sie zusammen,
die Bewerber*innen und die Politik?

Nun, die Kontaktanbahnung würde
über eine Online-Plattform laufen.

Bundestagsabgeordnete – und später auch Landtagsabgeordnete – sowie interessierte Politicians-in-Residence
melden sich dort an.
Sie erstellen ihre Profile,
zeigen ihren Lebenslauf und ihre Kompetenzen
und sind ein »Match«,
wenn beide Seiten »Ja« zueinander sagen.

Federführend könnten Politikhochschulen
einen berufsbegleitenden Rahmen schaffen,
immer mit dem Ziel,
neue Gedanken und Menschen in die Politik zu bekommen,
und den Austausch zu verstärken.

Denn als Politician-in-Residence erhalten
Kandidat*innen Zugang zu Netzwerken
und Verantwortungsbereichen.

Es wäre nicht der lange, mühevolle Weg durch die Parteigremien,
sondern ein direktes Mitmischen in der Politik,
ermöglicht durch
eine Bundestagsabgeordnete,
einen Bundestagsabgeordneten
als Mentorin oder Mentor auf Augenhöhe.

Und als zweite Idee führen wir nicht nur
ein »Residence-Programm« in der parlamentarischen Politik ein,
sondern auch ein Austauschprogramm in der Exekutivpolitik ein,
also in den Ministerien, in der Verwaltung,
auf der Ebene der Staatssekretär*innen,
Abteilungsleiter*innen und Behördenchef*innen –
damit auch Leitungserfahrung in der Verwaltung erworben werden kann.

Wir kennen das Modell aus dem Fußball.
Selbst hochbezahlte Trainer, wie Pep Guardiola oder Thomas Tuchel,
haben bei anderen Coaches hospitiert.
Obwohl sie große Erfolge vorzuweisen haben,
waren sie bereit, zu schauen,
wie es die anderen machen.

Wie wäre es,
wenn Leitungskräfte aus der Verwaltung alle zwei Jahre ein
»Pflichtpraktikum« in der Wirtschaft machen,
tiefe Einblicke in ein Unternehmen bekommen,
beobachten, mitmachen, über den Tellerrand schauen.
Welchen positiven Effekt hätte das,
wenn sie direkt erfahren,
wie in Betrieben gedacht, entschieden und gearbeitet wird.

Und umgekehrt könnten Spitzenkräfte aus der Wirtschaft
ein Praktikum in der Verwaltung machen.
Auch um zu erleben,
was es heißt,
welchen Aufwand es bedeutet,
nicht nur dem wirtschaftlichen Erfolg,
sondern dem Funktionieren eines Landes zu dienen.
Beides,
der Politician-in-Residence und das Praktikum,
wären Ermutigungen für den Querwechsel.
Sie würden Leben in den politischen Betrieb bringen.

Denn:
Eine systematische Suche nach geeigneten Persönlichkeiten
»von außen«,
weder aus der Wirtschaft, Kultur noch Wissenschaft,

findet durch die Parteien nicht statt.
Einen »War for Talents« gibt es dort nicht.

Politiker*innen lernen bereits in den Jugendorganisationen,
dass es auf Wahlen ankommt –
und zwar nur auf Wahlen.
Seien es parteiinterne Wahlen oder Wahlen in die Parlamente
auf allen Ebenen, vom Kreistag bis zum Bundestag.
Auch hier gilt es, sich dem Wettbewerb zu stellen.
Aber es geht dort oft nicht um Kriterien wie
Kompetenz, praktische Erfahrung und Diversität,
sondern primär um Faktoren wie
Positionierung, Zeiteinsatz und Dauer der Zugehörigkeit
im Ortsverband.

Für mehr Durchlässigkeit in der Politik
würde es sicher helfen,
das Amt des*der Bundeskanzler*in
auf zwei Legislaturperioden zu begrenzen.
Allein schon, um die Erneuerung der Partei kontinuierlich
voranzutreiben,
welche den*die Kanzler*in stellt.

Es wäre nahe liegend,
auch die Amtszeit von Abgeordneten auf
maximal zwei Legislaturperioden zu begrenzen.
Im Bundestag beispielsweise sitzen die Abgeordneten derzeit
im Schnitt 10,5 Jahre.
Das halte ich nicht für den richtigen Weg.
Berufspolitiker*innen sind wichtig.
Es gibt gute Gründe,
politische Talente aufzubauen,

sie »wählbar« zu machen –
und eben nicht gleich wieder auszuwechseln.

Dennoch halte ich es für notwendig,
einen Austausch, eine Belebung der parlamentarischen Arbeit
zu organisieren.

Ein Weg wäre, festzulegen,
dass ein Viertel der Parlamentarier*innen
aus Querwechsler*innen bestehen muss.
Dreiviertel, ganz klar, sind Berufspolitiker*innen.
Aber,
ein Viertel in den Fraktionen
wird mit Menschen von außen besetzt.
Menschen, die neue Impulse,
neue Sichtweisen,
neue Expertisen einbringen.
Das heißt auch,
dass Listenplätze zu einem Viertel mit
potenziellen Neu-Parlamentarier*innen besetzt werden müssen.
Genauer gesagt, jeder vierte Listenplatz.
Damit sie auch wirklich eine Chance haben.
In der Konsequenz hieße das, dass sich jede Partei kontinuierlich auf
die Suche nach Talenten von außen machen müsste.

Die Querwechsler*innen wären immer etwas freier,
wären weniger darauf erpicht,
sich an Sitze und Ämter zu klammern,
und würden zuverlässig
das notwendige Maß an Wirklichkeit und Praxis
in der Politik verankern.

Was sicher Auswirkungen auf
politische Entscheidungen –
wie auch auf die Bewertung von Politik hätte.

Überhaupt sollten wir die Kriterien für die Bewertung
von Politik neu denken.

Denn es gibt aus meiner Sicht
wenige Fragen,
auf die es diffusere Antworten gibt,
als auf die Frage nach dem Erfolg in der Politik.
Wann genau ist Politik erfolgreich?
Wie bemisst sich der Erfolg in der Politik?

An der Anzahl von Talkshowauftritten?
An der Anzahl von Abgeordneten im Parlament?
An der Zahl der eingebrachten Gesetzesvorhaben?
An der Anzahl von Ausschusssitzungen?
Oder gibt es da noch etwas anderes?
Etwas Besseres?

Neuseeland hat unter der Führung von Premierministerin Jacinda Ardern
ein »Wellbeing Budget« eingeführt.
Dabei geht es nicht um Spa-Wochenenden,
sondern um die Frage
nach dem *guten Leben* und danach,
was es ausmacht,
Mensch zu sein unter anderen Menschen,
was zählt und was gezählt werden sollte.

Die Regierung Ardern will
Themen, wie Soziale Gerechtigkeit und Umweltschutz,

auf dieselbe Stufe stellen
wie Wachstum und ökonomische Indikatoren.

Ardern ist überzeugt,
dass eine gesunde, zufriedene Gesellschaft die beste Voraussetzung
für langfristige Produktivität bietet,
also für wirtschaftlichen Erfolg, Nachhaltigkeit und gesellschaftlichen Fortschritt.

Das *gute Leben* ist der Maßstab für die Verteilung von Ressourcen
und die Bewertung von Politik.

Zum guten Leben gehören
die Verbesserung der psychischen Gesundheit,
die Reduzierung von Kinderarmut,
die Bekämpfung sozialer und wirtschaftlicher Ungleichheit,
das Prosperieren des Landes im digitalen Zeitalter
sowie
die Transformation der Wirtschaft in eine emissionsarme,
nachhaltige Zukunft.
Und alle staatlichen Ausgaben Neuseelands werden danach bewertet,
ob und in welcher Form sie dazu beitragen.

Dazu werden immer auch Betroffene und Expert*innen befragt.
Was wiederum einen enorm nachhaltigen Effekt hat:
Man erneuert das Regierungsregime,
in dem Zivilgesellschaft, Politik und Wirtschaft strukturell
immer miteinander im Gespräch bleiben.

Das heißt auch:
Alle gesellschaftlichen Gruppen können nachverfolgen, was passiert.
Damit wird Politik messbarer.

Wir erleben in Deutschland eher eine Politik,
die nur ermessbar machen will.
Was zählt, ist das Bruttoinlandsprodukt,
das Bruttoinlandsprodukt.
Das BIP.

Sicher,
Politiker*innen nehmen auch Bezug auf Kenngrößen,
wie Arbeitsplätze, CO_2-Emissionen, Einkommenssteigerungen,
Exportüberschüsse, Patentanmeldungen,
Verkehrsdaten und Inflation.

Aber das BIP ist und bleibt die zentrale Kennzahl,
mit der jede*r Politik rechtfertigt.

Wir setzen also nach wie vor auf
quantitative Indikatoren für ein gutes Leben.
Qualitative Indikatoren spielen eine ungeordnete Rolle.

Und der einzige denkbare Grund dafür ist:
Man denkt nur von jetzt bis zur nächsten Wahl.
Es gibt kein, ich sage mal,
Cockpit,
in dem auch mittel- und langfristige Entwicklungen mitgedacht werden.

Dabei sollte eine neue progressive Agenda, neben
Wohlstand und ökonomischer Nachhaltigkeit,
immer auch
die Nachhaltigkeit der Staatstätigkeit,
die soziale Nachhaltigkeit
und
ökologische Nachhaltigkeit mitdenken.

Auf Basis dieses Nachhaltigkeits-Quartetts
könnten sehr viel deutlicher
Themen, wie Digitalisierung,
internationale Verteilungsgerechtigkeit,
und auch die nachhaltigen Entwicklungsziele der Vereinten Nationen,
Migration und Integration sowie
Gleichstellungspolitik
aufgegriffen werden.

Nicht, dass diese Gedanken in Deutschland bisher nicht aufgegriffen wurden.
So heißt es beispielsweise im Koalitionsvertrag von Union und SPD, man wolle
»Regierungshandeln stärker an den Werten und Zielen der Bürgerinnen und Bürger ausrichten«
und führe daher »einen Dialog mit ihnen über ihr Verständnis von Lebensqualität durch«.
Auch wolle man ein Indikatoren- und Berichtssystem zur Lebensqualität in Deutschland entwickeln.

Das klingt gut.

Aber:
Die Absicht, ein Indikatorensystem zu errichten,
mündete in einen 850 Seiten langen Wälzer,
mit 46 »Kernindikatoren« und 16 Szenarien.

Es wurde darin offenbar jeder Indikator benannt, den es gibt,
und danach – wohl aus Überforderung –
entschieden,
keinen zu messen.

So können wir Bürger*innen weiterhin sehr schlecht beurteilen,
ob eine Legislaturperiode auf gute vier Jahre für unsere Zukunft
zurückblickt – oder nicht.
Uns fehlt die Transparenz, in welche langfristigen Ziele Politik
eingezahlt hat.

Das halte ich für überholt – und vor allem nicht für zukunftsfähig.

Wir brauchen Kennzahlen,
die jede*r versteht und die für alle Bürger*innen
auf einer Website sichtbar sind.
Es braucht in Anlehnung an Neuseeland
neue Kenngrößen,
an denen sich politische Maßnahmen und Entscheidungen
zukünftig messen lassen.
Und zwar entlang der Megatrends
Demografie – Digitalisierung – Globalisierung – Klima.

Dann würde schnell klar werden, welche politischen
Maßnahmen
keinerlei positive mittel- bis langfristige Auswirkungen haben
oder sogar gänzlich ins Leere führen.

Es braucht so etwas wie einen »Better Politics Index«.

Wir kennen den »Better Life Index« der OECD.
Vergleichbar müsste es ein Tool geben,
mit dem messbar wäre,
welche Auswirkung welche Entscheidung
auf das Land und die Menschen hat.
Regional wie national.

Ich stelle mir so etwas wie einen »Wahl-o-mat«
für politische Entscheidungen vor.

Im Sinne von, dass wir uns bei weitreichenden politischen
Maßnahmen
nicht nur auf das Gefühl verlassen,
dass es eine gute Entscheidung sein könnte,
uns nicht nur auf die Meinung von
Politiker*innen und Expert*innen stützen,
sondern,
und das wird niemand wundern bei meinem Werdegang,
auf die Verlässlichkeit von Daten.
Das ermöglicht bessere, weil fundiertere Prognosen.

Nur als Beispiel:
Will man sich für eine Einführung oder Anhebung der CO_2-Steuer
entscheiden,
gibt man das in den »Better Politics Index« ein,
und erkennt,
welche Konsequenzen das auf
lokaler, regionaler, nationaler Ebene hat,
wie sich die Anhebung auf die Megatrends
Demografie,
Digitalisierung,
Globalisierung,
und auf das Klima auswirkt.

Und das nicht auf Basis von Bauchgefühl,
sondern auf Basis von Daten.

Diesen »Better Politics Index« definieren nicht – wie bisher –
nur Ökonom*innen oder Politolog*innen,

sondern auch Expert*innen und Vordenker*innen
aus
Soziologie, Psychologie, Ökologie,
Anthropologie, Pädagogik, Informatik,
Ethik und Philosophie.

Dieses breite Spektrum ist entscheidend.
Damit unser Vertrauen in die Verlässlichkeit von Daten
auf einer breiten Basis steht.

Es wäre eine Evolution vom BIP zum BPI,
zum »Better Politics Index«.

Denn eine rein BIP-orientierte Zielsetzung
kann und wird es im Neuen Land nicht mehr geben.

Sehr imponiert hat mir in diesem Zusammenhang
das Donut-Modell
der britischen Ökonomin Kate Raworth.
Der Donut ist darin die Metapher für eine neue Ökonomie.
Das Loch in der Mitte des Donuts steht für die Gesellschaft
und deren Bedürfnisse.
Der äußere Kreis des Donuts steht für ökologische Grenzen,
also endliche Ressourcen,
Klimawandel, Umweltverschmutzung, Biodiversitätsverlust.
Wichtig ist,
dass die Grenzen nicht überschritten werden,
gleichzeitig aber müssen die Bedürfnisse innerhalb des Donuts,
also der Gesellschaft, erfüllt werden.
Zumal der innere Kreis für das soziale Fundament steht.
Dazu zählen:
Der Zugang zu Nahrung und Wasser,

Gesundheit,
die politische Teilhabe,
ein Dach über dem Kopf.

Hinter der Idee steckt in der Tat eine fundamentale Neuordnung
von Politik und Wirtschaft.

Jenseits von Gebäck und Grenzen ist aber auch die Frage,
inwieweit unsere bestehenden Bundesministerien
überhaupt in der Lage sind,
sich mittel- und langfristige Ziele zu setzen.

Wir haben neben den Kernministerien,
also Inneres, Finanzen, Verteidigung, Justiz und Auswärtiges,
inzwischen eine Reihe von Ministerien und Ressorts,
deren Zuschnitt nicht nachvollziehbar
und manchmal nicht wirklich durchdacht scheint.

Wo genau ist das Thema Innovation untergebracht?
Und das Thema Digitalisierung?
Oder wer behandelt ein tiefgreifendes Thema wie Europa?
Sie sind alle überall mitgedacht,
aber nirgends geht ein Ministerium federführend voran.

Vielleicht müssen Ministerien neu gedacht werden.
Und dabei sollten wir den Mut haben,
uns nicht von einem Schon-immer-so-gewesen leiten zu lassen.

Denn klar ist:
Wir brauchen jetzt Politiker*innen,
die die Vitalität besitzen, das Ruder herumzureißen.

Das verstehe ich unter progressiver Politik.

Politik darf nicht mehr
90 Prozent Verwaltung
und
zehn Prozent Gestaltung sein.

Wo ist das Feuer, die Leidenschaft und die Authentizität,
wirklich gestalten zu wollen?

Und der Wille,
»das Land dahin zu führen, wo es noch nie war – in die Zukunft.«
Dieses Zitat von Henry Kissinger kann zielbildend sein.
Für mehr Bewegung in Richtung Zukunft.
Und für ein eingedämmtes Beharren auf der Vergangenheit.

Und für mehr Einmischung.

Mein Urgroßvater hatte einen Ziehsohn:
Johannes Rau.

Johannes Rau war 20 Jahre Ministerpräsident von Nordrhein-Westfalen,
dem Bundesland, in dem ich aufgewachsen bin,
und ab 1999 Bundespräsident.
Johannes war der Mann meiner Tante.
Er war mein Onkel und hat mir christliche Werte, wie
Mitmenschlichkeit und Empathie, vorgelebt,
und damit auch zu meiner Herzensbildung beigetragen.
Er schrieb mir von seinen Reisen viele Briefe,
wie er Tausenden von Menschen persönliche Briefe schrieb,
mit ihnen telefonierte und immer den persönlichen Kontakt suchte,
immer wissen wollte, was die Menschen denken.

Johannes Rau hat gesagt,
dass »Demokratie nur in Bewegung bleiben kann, wenn Menschen bereit sind, sich politisch einzumischen«.

Und genau das habe ich vor.

Konkrete Ideen für das Neue Land

▶ Politician-in-Residence

Von außen wirkt Politik immer etwas abgehoben, wenig durchlässig, schwer verständlich, auch etwas weltfern. Wir müssen einen Austausch organisieren. Es braucht mehr »Querwechsler*innen«. Es muss leichter sein, »in die Politik zu gehen«, auch für Talente aus anderen Bereichen. Mit einem Politician-in-Residence-Programm werden neue Impulse und gegenseitiges Verständnis gefördert.

▶ Better Politics Index

Politik sollte messbarer werden. Es darf nicht nur um die Wiederwahl gehen, sondern um den gesellschaftlichen Nutzen auf lange Sicht, um Nachhaltigkeit der politischen Entscheidungen, darum, den Menschen stärker in das Zentrum von Politik zu stellen. Die Idee ist: ein Werkzeug zu schaffen, mit dem auf Basis von Daten gute, nachhaltige Politik erkennbar wird.

GLEICH-
BERECHTIGUNG
IM NEUEN LAND

Im Oktober 2019 gab es eine fantastische Nachricht aus dem Neuen Land.
Jennifer Morgan wurde zur CEO von SAP ernannt.

Die Amerikanerin war die erste weibliche CEO eines DAX-Unternehmens.
Gut, sie wurde Co-CEO, also Co-Vorstandsprecherin –
und an ihrer Seite wurde ein Mann installiert.
Aber beide zusammen führten von da an SAP.
Ein bisschen sah es so aus, als ob man es ihr alleine nicht zutrauen würde. Aber:
Der Damm war gebrochen.
Eine Frau stand ganz oben.
Ganz oben in einem deutschen DAX-Konzern.
Endlich!
Es schien wahr zu werden, was längst hätte Realität sein müssen.

Dann kam das Virus.
Und das Virus brachte mit voller Wucht das Alte Land zurück.

Jennifer Morgan musste Ende April 2020 das Unternehmen verlassen.
Der Konzern, so hieß es, brauche in dieser besonderen Krisensituation eine »klare Führungsstruktur«.
Jemanden, der »klare Anweisungen« geben könne.

Es hallte wie ein Echo aus dem Alten Land:
Wenn Krise – dann Mann!

Was nicht nur anmaßend ist,
sondern sich schlicht nicht belegen lässt.
Denn tatsächlich haben sich vor allem Frauen
als absolut zuverlässige und resiliente Krisenmanagerinnen erwiesen.

Im Januar 2020, als der Rest der Welt
Covid-19 noch weitgehend ignorierte,
setzte Taiwan bereits zahlreiche Maßnahmen in Kraft,
um die Ausbreitung des neuartigen Virus einzudämmen.
Als viele Männer noch von der »harmlosen Grippe« sprachen,
errichtete das Land eine Kommandozentrale,
es vervielfachte die Produktion persönlicher Schutzausrüstung –
und das alles auf Betreiben der Regierungschefin Tsai Ing-wen.
Mit dem Ergebnis:
Taiwan hatte nach sieben Monaten Covid-19 insgesamt
451 bestätigte Infektionen
– und sieben Todesfälle,
bei mehr als 23 Millionen Einwohnern.

In Neuseeland setzte Premierministerin Jacinda Ardern
eine erfolgreiche und schnelle Strategie gegen die Ausbreitung
des Virus um,
die Zahl der Todesfälle
lag im Juli 2020 bei 22.

Auch die Regierungschefinnen von
Island, Norwegen, Finnland und Dänemark –
und nicht zuletzt Deutschland –
haben erfolgreich geführt,
mit klaren Ansagen, mit wenig Ego –
und einer eindeutigen Positivbilanz.

Sie haben ihre Länder
besser und unaufgeregter durch die Krise manövriert
als viele ihrer männlichen Kollegen.

Und während wir die Namen fast aller männlichen Regierungschefs
aufsagen können, die sich in der Krise
oft beratungsresistent
oder aggressiv verhielten,
in deren Ländern die Infektionszahlen in die Höhe schnellten,
sie aber dennoch immer die volle Aufmerksamkeit
bekamen,
haben wir die Namen der Regierungschefinnen
schon wieder vergessen.
Wie heißt nochmal die Regierungschefin von Taiwan,
die ihr Land vorbildhaft durch die Krise manövrierte?

Genau: Tsai Ing-wen.

Wir haben auch gesehen:
Die Berufe, auf die es im Ernstfall ankommt,
sind meist von Frauen besetzt:
Pflegerin, Erzieherin, Verkäuferin, Krankenschwester.

Der Bundesagentur für Arbeit zufolge beträgt
der Frauenanteil
im Lebensmitteleinzelhandel 73 Prozent,
beim Gesundheitspersonal sind es 76 Prozent
und in der Kinderbetreuung sogar 92 Prozent.

Nicht zu vergessen: Die Frauen hörten nicht auf zu arbeiten.
Sie jonglierten Homeschooling und Haushalt,
und machten nebenbei noch ihren systemrelevanten Job.

Es war sicher eine außergewöhnliche Zeit
– aber keineswegs eine Zeit, in der nur Männer bewiesen,
eine Krise meistern zu können,

sondern vor allem Frauen zeigten,
was sie in der Lage sind, auszuhalten und zu stemmen.

Frauen sind prädestiniert für das Neue Land –
Sie werden mitspielen.
Und sie werden uns mitspielen lassen.

Ich bin schon im Alter von fünf Jahren in eine Männerdomäne eingefallen –
und zwar in DIE Männerdomäne:
Fußball.
Seit ich ganz jung bin, spiele ich Fußball – bis heute.
Nie in Mädchenmannschaften, selten in Frauenteams,
fast immer nur in Jungenteams und Männermannschaften.
Ich war fast immer das einzige Mädchen,
immer die einzige Frau auf dem Platz.

Wenn ich das erste Mal zum Training kam,
gab es immer diese Skepsis, diese höfliche Schockstarre:
Was will die denn hier?
Mitkicken?
Bei uns?

Ganz gleich,
ob in der D-Jugend,
in der Uni-Mannschaft in St. Gallen
oder in der Werksmannschaft der Münchener Rück,
am Anfang wusste keiner etwas mit mir anzufangen.

Wenn das Spiel begann,
wurde ich nicht richtig angegriffen,
wurde geschont,

allenfalls gab es Mitleidspässe
oder eben gar keine Pässe.
Und ich musste immer mehr rennen und mich mehr anbieten als die Jungs.

Wenn ich dann aber den ersten richtigen Pass angenommen,
den ersten Ball in den Strafraum geflankt hatte,
angefangen hatte, Tore zu schießen,
eins nach dem anderen,
dann wurde ich Teil der Mannschaft,
dann durfte ich mitspielen,
wurde ernst genommen
und vermisst, wenn ich mal nicht konnte.

Es war in jeder Mannschaft das gleiche Spiel.
Immer und immer wieder.
Heute noch,
wenn Elternturnier im Fußballverein meiner Söhne ist,
spiele ich als einzige Mutter mit.
Die Väter scheinen sich zu Beginn zu fragen:
»Was macht die hier, bringt die Kuchen?«
Ja, bringe ich auch. Wenn auch nicht selbstgebacken.
Aber dafür kicke ich mit.

Ich habe das immer so gehalten,
nicht nur beim Fußball.

Trauen wir uns doch.
Machen wir einfach mit.
Klar, es mag sein, dass am Anfang keiner auf uns gewartet hat.
Aber, das sollte uns nicht abhalten –
mitzukicken,

mitzugestalten,
mitzuentscheiden.

Meine ganze »Fußball-Laufbahn« beruhte auf meiner Initiative.
Niemand hat mich gefragt, ob ich mitspielen möchte,
niemand wollte gezielt mein Potenzial fördern,
es gab auch keine Initiative von Vereinen oder Schulen,
nicht von Unis oder Arbeitgebern,
mehr Mädchen zu suchen, die Fußball spielen wollten.
Deshalb gibt es so wenig Fußballerinnen.

Und das ist ein Spiegelbild für die Situation weiblicher Führungskräfte.

Wer sucht gezielt nach dem weiblichen Führungskräftenachwuchs?
Wer lässt Frauen nicht nur trainieren,
holt sie nicht nur gelegentlich von der Reservebank,
sondern macht sie zum Kapitän?
Wer lässt sie in der Startelf mitspielen –
und wechselt sie nicht gleich wieder aus?

Im Neuen Land wird es neue Aufstellungen geben.

Wir werden die Kraft und Führungsstärke von Frauen nutzen.
Zahlreiche Studien haben gezeigt:
Wichtige Kennzahlen, wie Umsatz, Gewinn, Mitarbeiter*innenzahl und Börsenwert, entwickeln sich positiver als im Durchschnitt aller Unternehmen,
wenn Frauen oben mitspielen.

Es zeigt sich schon seit Jahren,
wie erfolgreich Teams und Unternehmen sind,
die von Frauen geführt werden.

So erzielen laut einem McKinsey-Bericht
Unternehmen mit einer ausgewogenen Beteiligung von Männern und Frauen
einen 56 Prozent höheren Betriebsgewinn
als rein männlich besetzte Unternehmen.

In einer Studie in 91 Ländern hat das
renommierte Peterson Institute for International Economics herausgefunden,
dass ein um 30 Prozent gesteigerter Frauenanteil in der Chefetage
zu einem 15 Prozent höheren Nettoumsatz führt.
Und das aus einem einfachen Grund:
Frauen müssen Maßnahmen ergreifen, um sich in dem von Männern dominierten Führungsumfeld zu behaupten –
und diese Maßnahmen wirken sich positiv auf die Unternehmensleistung aus.

Das heißt:
Frauen sind ein eindeutiger Erfolgsgarant.
Frauen sind ein Business Case.
Mit Frauen steigen wir auf!

Auch weil Frauen im Angriffsspiel klug vorgehen.
Auch weil sie alles, was es braucht, mitbringen.

Gute Vorgesetzte brauchen vor allem fünf Eigenschaften:
Sie müssen Stress aushalten,
Initiative ergreifen,
Innovationen fördern,
andere unterstützen
und Ziele effektiv erreichen.

Um herauszufinden, wie diese Eigenschaften
»verteilt« sind,
haben Forscher der international anerkannten
Norwegian Business School
2900 Führungskräfte,
darunter 900 Frauen, befragt und analysiert –
und siehe da:
Frauen sind in Bezug auf Persönlichkeit besser für Führungspositionen geeignet als ihre männlichen Kollegen.

Frauen sind klarer in ihrer Kommunikation.
Sie sind offener für Innovationen.
Sie sind gewissenhafter –
und besser darin, Mitarbeiter*innen zu unterstützen.
Bei Veränderungen sind sie reaktionsschneller und
ergreifen eher die Initiative.

Und während männliche Chefs lieber das Steuer allein in der Hand halten, beziehen Frauen ihre Mitarbeiter*innen mit ein.
Frauen gelten als sozialverträglicher und kooperationsbereiter –
und sind besser in der Lage,
realistische Ziele zu stecken und auch deren Umsetzung zu kontrollieren.
Sie müssen nicht vorgeben, alles zu wissen –
aber sie wissen, wie sie die besten Expert*innen zusammenbringen
und das beste Ergebnis erzielen.

Frauen sind also in Topform – fehlt nur noch die Einwechslung.

Denn obwohl schon einige Frauen in der Start-Elf spielen
liegt der Frauenanteil in Führungspositionen in Deutschland
– und da erzähle ich nichts Neues –
insgesamt noch bei sehr geringen Werten.

In DAX-Konzernen betrug der Frauenanteil in den Vorständen
im Jahr 2019 gerade mal 14,7 Prozent.
In den Vorständen der 100 größten Unternehmen des Landes
lag der Frauenanteil in den Vorständen
bei sechs Prozent.
Und nach einer Studie der AllBright Stiftung
sieht es bei den 100 größten deutschen Familienunternehmen
auch kaum besser aus:
Am 1. März 2020 waren weniger als sieben Prozent
der Mitglieder in den Geschäftsführungen Frauen.

Wie kann das sein?
Wenn es doch offensichtlich ist, dass es ein besseres Spiel wird, wenn Frauen mitspielen.

Die absolut drängende Frage ist daher?
Was kommt nach Kritik und Analyse?
Wie gelingt Frauen der große Sprung nach vorne?

Die gängige Antwort ist:
mit einer Quote.
Meine Antwort:
Quote, ja – aber anders.
Denn wir müssen nicht nur die Teamzusammensetzung, sondern auch den Spielbetrieb im Neuen Land verändern.

Die Teamzusammensetzung ändern wir mit einer Quote
– doch die entscheidenden Quoten greifen viel früher,
viel weiter unten.

Im Neuen Land nehmen wir Nachwuchsförderung ernst.
Und führen Quoten unten ein.

In der Schule.
In der Universität.

Denn in der Schule bei der Wahl des Leistungskurses,
in der Hochschule bei der Wahl des Studienfachs
und im Berufsleben bei der Wahl der ersten Anstellung
wird das Fundament für Führungspositionen gelegt.

In der Schule entscheidet sich, wer Chef wird.

Von insgesamt 131 DAX-Vorstandsmitgliedern haben,
nach einer Studie der Recruiting-Firma Taledo,
63 Wirtschaft studiert,
28 sind Ingenieure,
19 Naturwissenschaftler
und 14 Juristen.
Fünf deutsche Wirtschaftsbosse haben Sozialwissenschaften studiert
und einer Sprachen.
Mehr als 90 Prozent haben ein Diplom oder einen Master.
42 Prozent haben promoviert.
Und vier Dax-Vorstände haben sogar eine Professur inne.

Wir brauchen also mehr Frauen –
und zwar in den Studiengängen, die zum Vorstand führen.
Und wir brauchen eine größere Vielfalt von Studienfächern,
die zum Vorstand führen.
Studiengänge, wie
Internationale Beziehungen, Psychologie oder Soziologie, tragen
hervorragend zu mehr Verständnis von Mitarbeitenden und
Unternehmenswirkung auf die Gesellschaft bei.

Und besonders wichtig sind die sogenannten MINT-Fächer,
Mathematik, Informatik, Naturwissenschaft, Technik,
die durch die digitale Transformation vieler Unternehmen
in Zukunft
noch viel bedeutender werden –
gerade auch in den obersten Führungsetagen.

Universitäten werden verpflichtet,
in den betreffenden Studiengängen
mehr Frauen aufzunehmen,
dafür zu sorgen, dass sich mehr Frauen einschreiben.
Und das wird nur klappen, wenn wir schon früh
in der Schule dafür sorgen,
dass naturwissenschaftliche Fächer,
dass Fächer, wie Mathematik und Informatik, so unterrichtet werden,
dass Mädchen leichter und schneller einen Zugang finden –
und eine nachhaltige Begeisterung entwickeln.

IT studieren muss als cool, weiblich, zukunftsorientiert und
weltoffen gelten.
Programmierer*innen sind die Architekt*innen unseres neuen
Jahrtausends. Sorgen wir dafür, dass viele mehr von ihnen
weiblich sind.

Das hat im Architekturstudium selber auch geklappt.
Es studieren inzwischen weit mehr Frauen als Männer
Architektur.
Und das klappt auch beim Programmieren.

Die private CODE University of Applied Sciences in Berlin,
in deren Hochschulrat ich sitze,
bietet ein Orientierungssemester an,

bei dem Student*innen viel tiefer in die Materie eingeführt
und an die Hand genommen werden.

Es werden keine Studieninhalte und Vorwissen vorausgesetzt,
was insbesondere für Frauen ohne Vorerfahrung
im Studiengang Softwareprogrammierung ein großer Gewinn ist.
Zudem hat die Hochschule ein Mentoringsystem für Studierende
eingeführt.
Beides führt dazu,
dass sich mehr weibliche Bewerberinnen für die CODE interessieren.

Das heißt:
Wenn wir in Deutschland Frauen fördern möchten,
wenn wir auch aus ökonomischen Gründen
mehr weibliche Führungskräfte haben möchten,
dann
so früh und so gezielt wie möglich.

Und da beginnt die Herausforderung.
Da macht sich das Neue Land die Hände schmutzig
und tut wirklich etwas für die langfristige Gleichberechtigung der Frauen.

Weil es an die »Grundfeste« geht.

Denn Frauen entscheiden sich immer noch eher für Fächer
mit einer praktischen Anwendung »nah am Menschen«,
also soziale Fächer, Lehramt, Lebenswissenschaften.
Da wirken die alten Stereotypen.

Und die Stereotypisierung hat Auswirkungen auf die Studienfachwahl.
Nur etwa vier Prozent der Frauen wählen beispielsweise
einen Leistungskurs Physik,

für die wenigen kommt allerdings selbst dann ein Studienfach
wie Physik nicht infrage.

Aber selbst in Studiengängen,
in denen der Anteil
männlicher und weiblicher Studierender klassischerweise
in etwa paritätisch ist,
also zum Beispiel BWL oder Jura,
werden früh die Führungsweichen gestellt:

Männer konzentrieren sich im BWL-Studium
auf Finanzen, Controlling und Rechnungswesen,
Frauen dagegen eher auf Marketing und Personalwesen.

Und während sich im Jurastudium Männer und Frauen noch
gleichermaßen für Gesellschafts- oder Wettbewerbsrecht
interessieren,
biegen Männer nach dem Studium häufig
in Richtung Partnerschaft bei einer Großkanzlei ab
und Frauen gehen eher in Versorgerstrukturen –
und werden Richterin im Staatsdienst.

Das heißt: Während Männer sich mit jeder Entscheidung
dem Vorstand nähern,
bleiben Frauen früh zurück.

Was also ist zu tun?

Wir müssen neben der Teamzusammensetzung den Spielbetrieb
– besonders die Vereinsstrukturen –
verändern, sonst wird es nicht funktionieren.

Im Neuen Land führen wir daher Arbeitszeitmodelle ein,
die Männer wie Frauen die Chance geben,
die Vereinbarkeit von Beruf und Familie wirklich zu leben –
und nicht als faulen Kompromiss zu empfinden.
Nie war die Zeit dafür besser.

Folgendes Beispiel aus dem Alten Land macht das sehr deutlich:

Delia Lachance, Vorständin und Gründerin von Westwing,
musste im März 2020 ihr Vorstandsmandat niederlegen,
um in Mutterschutz zu gehen.
Das ist so vorgeschrieben.
Wenn man während dieser Zeit nicht haften möchte.
Mit anderen Worten:
Wenn ich als Vorstand, männlich oder weiblich,
für einen überschaubaren Zeitraum meine Eltern pflege,
Elternzeit nehmen möchte
oder in Mutterschutz gehe,
habe ich keine andere Chance, die Haftung ruhen zu lassen,
als mein Mandat niederzulegen.

Das ist keine Erfahrung aus dem Frühkapitalismus des 19. Jahrhunderts.
Das ist die Realität im Jahr 2020.

Es ist also höchste Zeit für moderne und menschlichere Führungsetagen.
Auch Vorstände müssen Auszeiten nehmen können,
müssen ihr Mandat für einige Monate ruhen lassen können.
Das ist zeitgerecht,
das ist zukunftsweisend
und das hätte eine starke positive Signalwirkung besonders auch an
zukünftige Vorständ*innen.

Als ich davon erfahren habe, war mir klar:
Es muss etwas getan werden.
Mit prominenter Unterstützung von beispielsweise
der Münchner TU-Professorin Ann-Kristin Achleitner
oder Dieter Zetsche, dem ehemaligen Vorstandsvorsitzenden der
Daimler AG, haben wir die Initiative *#stayonboard* gegründet.

Uns geht es mit *#stayonboard* um eine menschlichere Form
der Führung,
mit dem Ziel, dass mehr Familienfreundlichkeit und Diversität
Einzug in die Vorstandsetagen hält.
Und dafür braucht es einen rechtlichen Rahmen.
Eine Gesetzesänderung, die zu mehr Menschlichkeit
in der Chefetage führt.
Übrigens:
In der Start-up-Welt sieht es kaum besser aus.
Wir haben ohnehin zu wenige Gründungen.
Und wenn gegründet wird, dann meistens von Männern.
Nur 15 Prozent der Gründer*innen von Start-ups sind weiblich.

Und einer der Hauptgründe für diesen Missstand ist
laut Female Founders Monitor 2019
des Bundesverbands Deutsche Startups:
die schwierige Vereinbarkeit von Gründung und Familie.

Das machen wir jetzt besser.
Im Neuen Land setzen wir auf Vielfalt.
Und auf vielfältige Lebensmodelle.
Diese werden weder vorgegeben noch bewertet.
Aber wir stellen jetzt die Weichen für die Vereinbarkeit von
Beruf und Familie.

Das ist der größte Hebel.

Frauen gehen ihren Weg.
Wir müssen sie »nicht zum Jagen tragen«.
Wir müssen ihnen einfach nur mehr Bälle zupassen.

Und wenn Frauen es weiterhin als ihre Berufung sehen,
sehr stark in die sozialen Berufe zu gehen,
werden wir sie dort viel besser bezahlen.

Und nicht nur dort.

Es gibt im Neuen Land keine Diskussion mehr darüber,
ob Frauen gleich bezahlt werden.
Es ist ab jetzt selbstverständlich.

Das hat beim Mindestlohn funktioniert.
Das hat bei der Bezahlung von Praktikant*innen funktioniert.
Mit Druck ließen sich Ungerechtigkeiten
schnell beseitigen –
und daher ist es ein Leichtes,
endlich den Gender-Pay-Gap zu schließen.

Im Neuen Land wird es eine ungleiche Bezahlung nicht mehr geben.
Und wir werden offen für neue Aufstellungen und Spielkonstellationen sein.

Ob eine Frau Vollzeit arbeitet und Kinder hat,
ob ein Mann Teilzeit arbeitet und sich um die Kinder kümmert,
ob sie Karriere macht und keine Kinder möchte,
ob er Hausmann ist und seiner Frau den Rücken freihält,

ob sie Vollzeitmutter ist und den Haushalt führt,
ob er keine Karriere macht und keine Kinder möchte,
ob ein lesbisches Paar Kinder mit
einem Freund bekommt,
ob eine Diverse einen Mann oder eine Frau heiratet,
ob ein homosexuelles Paar Kinder adoptiert,
alles gleich wichtig. Alles gleich richtig.
Wir feiern die Vielfalt im Neuen Land!

Es ist ein Land für Frauen, Männer, für Diverse, für alle
Menschen.
In dem es nicht heißt:
Wenn es ernst wird, müssen die Männer ran.

Nein.
Wenn es ernst wird, müssen wir gemeinsam ran.
Gemischte Führungsteams sind erfolgreicher.
Und was für die Leitung eines Unternehmens gilt,
trifft auf alle anderen Ebenen zu:
Teams, die sich aus Männern und Frauen,
unterschiedlichen Nationalitäten,
unterschiedlicher Herkunft,
älteren und jüngeren Mitarbeiter*innen sowie
Digital Natives und Digital Immigrants zusammensetzen,
arbeiten kreativer als homogene Einheiten.

Ein Gedankenspiel macht das sehr deutlich:
Nehmen wir zehn Männer, gleiches Alter, weiß, studiert,
– sie sollen gemeinsam ein Problem lösen.
Die Wahrscheinlichkeit, eine erwartbare Lösung zu bekommen,
ist sehr hoch.

Jetzt nehmen wir zehn Menschen, unterschiedliches Alter,
verschiedene Hintergründe und Herkünfte,
die unterschiedlich denken und verschiedene Perspektiven einbringen –
die Wahrscheinlichkeit einer wirklich innovativen Lösung ist weit höher.

Daher kann es nur einen Weg geben.
Lasst uns gemeinsam auf Vielfalt setzen.
Lasst uns gemeinsam kicken.

Jennifer Morgan,
die ehemalige Vorstandsvorsitzende,
die bei SAP gehen musste,
hatte bis dahin einen erstaunlichen Weg hingelegt.

Sie trug die Verantwortung der SAP-Konzernstrategie
für 43 000 Mitarbeiter*innen
und 230 000 Kunden.
Sie war ab 2014 verantwortlich für die Regionen Nordamerika, Lateinamerika, Karibik und Asien-Pazifik-Japan.
Sie verantwortete dort die Umstellung des Softwarekonzerns auf die Cloud.

Im dritten Quartal 2019 kletterte der Umsatz des Unternehmens im Jahresvergleich um 13 Prozent auf 6,8 Milliarden Euro,
wobei die von Morgan verantwortete Sparte mit Cloud-Software besonders stark wuchs.
Dann wurde sie Co-CEO.
Dann kam die Krise – und sie war raus.
Im Neuen Land wird man nicht gleich ausgewechselt.
Im Neuen Land hat das Spiel 90 Minuten –
und Frauen spielen von Anfang bis Ende mit.

Konkrete Ideen für das Neue Land

▶ Quote von unten

Die Frauenquote ist ein heiß diskutiertes Thema, jüngst wieder bei der CDU. Doch eine Quote, die erst oben greift, springt zu kurz. Wir müssen den Schwerpunkt auf die Nachwuchsförderung legen. Es muss eine Quote geben, die viel früher greift, in der Schule, in der Uni, in der Ausbildung. Und wir dürfen Frauen nicht unser Spiel aufzwingen, sie dürfen eigene Spielzüge einbringen und den Spielaufbau neu denken.

▶ #stayonboard

Auch die Vorstandetage muss menschlicher werden. Wir müssen weg von diesem Bild des »Kriegers«, der im Vorstand sitzt, immer hart »an der Front« kämpft und dessen Job zu keinem Zeitpunkt eine Unterbrechung duldet. Es muss daher möglich sein, sein Mandat temporär ruhen zu lassen, sei es wegen einer Babypause, einer Krankheit oder zur Pflege von Angehörigen.

UNTERNEHMERTUM IM NEUEN LAND

Am 1. Januar 2005 lag ich am Boden.
Ein Jahr zuvor war ich euphorisch in ein neues Leben gestartet,
absolut zuversichtlich. Die Welt stand mir offen.
Ich hatte die Idee –
DIE Idee.

Gemeinsam mit einer Studienfreundin wollten wir
ein völlig neues Konzept umsetzen,
ein Franchisemodell in der Gastronomie.
Und zwar eine Salatbar: »Yummy Salads«.
Natürlich nicht nur eine Salatbar,
wir sahen unsere Yummy-Salads-Kette in jeder Stadt,
in den Passagen, in den Bahnhöfen, in den Fußgängerzonen.
Praktisch überall.

Damals, Anfang des Jahrhunderts,
war das Angebot an innovativen Food-Konzepten noch überschaubar,
es gab Nordsee, Häagen Dazs, Bäcker Kamps,
aber eben noch kaum gesundes Essen in To-go- oder gar Bowl-Läden.
In den Salatbars entdeckten wir die Marktlücke.
Vor allem wollten wir Salat für Männer attraktiv machen,
es sollte nicht nur gesund sein, Salat zu essen,
es sollte cool sein, Salat zu essen.
Alle sollten Salat essen.

Ich setzte alles auf eine Karte.
Ich kündigte meinen Job bei der Münchener Rück,
was nicht jeder verstand.
Für den Salat löste ich meinen Bausparvertrag auf,
beziehungsweise ich verpfändete ihn an meinen Vater
und bekam dafür 15 000 Euro Startkapital.
Und wir sammelten weiteres Geld von Investoren ein.

Wir wollten ja nicht einen Laden in einer Stadt aufmachen,
wir wollten viele Läden in den besten Lagen der Innenstädte eröffnen.
In unserer Fantasie planten wir sehr groß.

Wir hatten uns ein enges Ziel gesetzt.
Nach einem Jahr,
also zum 31. Dezember 2004, sollte die Sache fliegen.
Wenn nicht, da waren wir uns einig,
würden wir es lassen.
Es sollte nicht wie eine Doktorarbeit im siebten Jahr sein,
bei der sich seit Jahren niemand mehr traut zu fragen,
wie es läuft.

Nun, unsere Doktorarbeit entwickelte sich wie folgt:

Am 31. Dezember 2004 hatten wir keinen einzigen Laden.
Unser Problem:
Wir standen immer hinten in der Schlange.

Denn zu jener Zeit drängten viele Systemgastronomen,
die Starbucks, die Ditsch-Brezelläden, die Kamps-Bäckereien
in die Innenstädte.
Diese Unternehmen hatten Geld und Power,
und vor allem suchten sie genau
die gleich großen,
gleich gut gelegenen Ladenflächen wie wir.

Es war jedes Mal das gleiche Spiel:
Wenn eine begehrte City-Ladenfläche frei wurde,
eine sogenannte Triple-A-Lage,
waren wir als erste da – aber keiner nahm uns wirklich ernst.

Wir waren neu,
keiner kannte uns,
wir hatten nichts vorzuweisen –
und wir hatten im Vergleich zu den großen Anbietern
eine niedrige Eigenkapitalausstattung
und damit keine Chance.

Und das war das Dilemma:
Wie willst du zeigen, dass deine Idee fliegt,
wenn allen das Risiko zu hoch ist, dir eine Chance zu geben?
Wie bewahrst du deine Leidenschaft,
deinen Willen,
wenn der Makler letztlich
nur nach der Kaution und der Länge des Mietvertrags,
nicht nach dem Potenzial des Konzepts schaut?

Ja, das war sehr ernüchternd.

Wir wussten zwar genau, wie die Kellner*innen aussehen würden,
mit grünen Bandanas auf dem Kopf,
weißen T-Shirts und schwarzen Schürzen.
Wir hatten über 50 verschiedene Rezepte für Salatsaucen,
ein Interior-Design-Konzept
und waren mit fast allen Immobilienmakler*innen des Landes per Du.
Tatsache aber war,
dass es am 31. Dezember 2004 keinen einzigen Bandanatragenden
Kellner gab,
keine Kellnerin mit schwarzer Schürze,
keine Salatkette,
keine coole Realität.
Wenn es nicht so ein naheliegendes Wortspiel wäre,
würde ich sagen, da hatten wir den Salat,

beziehungsweise wir hatten ihn eben nicht,
oder wir hatten ihn schon, aber keiner wollte ihn haben.

An diesen Moment erinnere ich mich heute noch ganz genau.
An diesen Tiefpunkt.
Diesen Moment des Scheiterns,
von dem viele sagen,
wie wichtig er doch sei,
und was man alles daraus lernen könne.
Nun,
der Moment des Scheiterns trifft einen mit voller Wucht.
Und er fühlt sich weder wichtig noch richtig an –
und schon gar nicht gut.

Ja, ich bin für eine Fehlerkultur,
aber wenn dir deine eigenen Fehler erbarmungslos präsentiert werden,
kannst du daran zunächst wenig Gutes erkennen.

Wir waren krachend gescheitert.
Wir hatten das Geld der Investoren zur Hälfte durchgebracht.
Mein Bausparvertrag war weg,
Game over – nur, dass es kein Spiel war.
Wir hatten echtes Geld verbrannt.

Und auch die vielen Kommentare auf das Scheitern waren wenig hilfreich.
»Das hätten wir euch vorhersagen können!«
Oder:
»Und dafür hast du deinen Job gekündigt?«

Ich war ausgeknockt.
Gut, meine Existenz stand nicht komplett auf dem Spiel,

ich hatte ja noch meine Arbeitskraft und im Notfall meine Familie,
und ich hatte auch noch keine Verantwortung für eine
eigene Familie,
für Kinder.
Aber,
ich war gescheitert.
Und Scheitern ist ein Makel.
Du arbeitest monatelang für etwas,
du überzeugst Geldgeber*innen von deiner Idee,
du willst Menschen mitreißen,
Kund*innen gewinnen, Neues wagen,
Arbeitsplätze schaffen – und stattdessen ist nichts davon eingetreten.

Erst Monate später habe ich festgestellt,
wie viel ich in dieser Zeit gelernt habe,
wie wichtig es war,
es auszuprobieren,
etwas zu wagen,
etwas zu riskieren – ohne genau zu wissen, wohin es mich führt.

Die wichtigste Erkenntnis aber war:
Wie angstfrei ich plötzlich war.

Wenn man als älteste Tochter und älteste Enkeltochter von
Familienunternehmern aufwächst,
verspürt man von Anfang an eine große Erwartungshaltung –
und sicherlich habe ich mir immer selbst viel Druck gemacht.
Und genau dieser Druck macht Angst.
Angst, die Erwartungen nicht zu erfüllen.

Denn du versuchst immer, alles besonders gut zu machen.
Versuchst, Fehler zu vermeiden.

Willst anderen nicht zur Last fallen – sie haben doch schon genug zu tun.
Willst, wenn du selbst gründest, unbedingt erfolgreich sein.
Als Unternehmerin auf eigenen Beinen stehen und nicht daneben liegen.

Und mit der Salatbar lag ich daneben.

Für andere wäre es nur eine gescheiterte Salatbar gewesen,
für mich war es mehr.

Denn für mich war es nicht so einfach, mich von den Erwartungen freizuschwimmen,
sie sogar ein Stück weit zu enttäuschen
und meinen eigenen Weg einzuschlagen.
Und obwohl ich im Herzen eigentlich immer schon viel unkonventioneller und weniger geradlinig war, als es nach außen schien,
brauchte ich diesen Misserfolg, um mich wirklich frei zu fühlen.

Denn nach dem Scheitern
war ich nicht nur viel angstfreier,
sondern habe auch viel klarer gesehen, was ich wirklich will –
und dass ich in erster Linie meinen eigenen Ansprüchen gerecht werden muss.
Mir selbst treu bleiben muss.
Besonders in den Momenten des Misserfolgs,
in denen es so naheliegend ist,
alles infrage zu stellen,
so verlockend,
sich für das nächste herbeigesehnte Lob zu verbiegen.

Stattdessen überwog bei mir von da an das Gefühl:
Was kann beim nächsten Mal schon schiefgehen?

Es hat mich einmal aus der Bahn geworfen,
und ich bin wieder aufgestanden.
Ich habe einmal alle Erwartungen enttäuscht,
und alle hatten mich noch lieb.
Plötzlich war es viel leichter,
sich weniger von der Angst
als von der Vorfreude auf die nächsten Schritte leiten zu lassen.

Weil für mich das Leben erst vollkommen ist, wenn man oben und unten war,
wenn es Licht und Schatten gibt.

»Du nimmst immer die ganze Amplitude des Lebens mit«,
haben meine Eltern gesagt,
als ich noch ein Kind war.
Himmelhochjauchzend, zu Tode betrübt.
Ich wusste damals nicht genau,
wovon sie sprachen,
was sie mit Amplitude des Lebens meinten,
aber sie hatten Recht,
also, dass mein Pendel immer in Bewegung war,
mal in die eine Richtung,
mal in die andere Richtung schwang.
Und sich Mitte immer wie Stillstand anfühlte.
Erst später lernte ich, dass das Unternehmertum ist.
Unternehmertum ist nicht der bequeme Weg.
Es ist nicht immer klar,
wohin das Pendel ausschlägt.
Aber genau das gilt es auszuhalten.

Oder es sogar zu mögen.
Im besten Fall zu lieben.
Und das gilt besonders auch für das Unternehmertum im Neuen Land.

Denn im Neuen Land werden wir neue Unternehmen brauchen.
Neue Unternehmer*innen, die Akzente setzen.

Das Virus hat es offenbart:
Es ist absolut keine gute Zeit mehr,
an der Vergangenheit festzuhalten.

Der technologische Umbruch ist in vollem Gang.
Wir müssen Logistik, Kommunikation, Produktion endlich neu denken.
Wir können es uns nicht mehr leisten,
Technologien zu belächeln,
wir können es uns nicht mehr leisten,
Künstliche Intelligenz oder Robotics als ein nettes Nerd-Thema zu sehen.
Sondern wir müssen das Potenzial auch unternehmerisch entfalten –
und erkennen,
dass jetzt, genau jetzt die beste Zeit ist,
neue Unternehmen zu gründen.

Unternehmen haben jetzt die Chance,
den technologischen Wandel voranzutreiben
und die Gesellschaft weiterzubringen.

Doch seit Jahren geht in Deutschland
die Zahl der Unternehmensgründungen zurück.
Und das nicht nur aus Angst vor dem Scheitern.
Sondern,
weil es uns so gut geht.

Die gute Konjunktur in den vergangenen zehn Jahren,
die damit einhergehende Arbeitsplatzsicherheit,
all das hat Unternehmensgründungen
keinen Aufschwung beschert.

Oft hatte es sogar den Anschein,
als seien Gründungen eher so eine Art Selbstverwirklichung.
Ein Lifestyle.

Gründungen sind aber kein hippes Hobby,
kein Berlin-Mitte-Hype.
Unternehmen sind harte Arbeit.
Unternehmen sind zu allen Zeiten
vor allem gegründet worden,
um Familien zu ernähren.
Um Wohlstand zu erwirtschaften.
Unternehmertum ist die beste Möglichkeit,
etwas in die Hand zu nehmen,
etwas auszuhalten,
gerade auch Rückschläge,
die Regeln neu zu definieren
und zu erleben, wie stolz es einen macht,
ein Unternehmen aufzubauen
und Arbeitsplätze zu schaffen.

Leider lassen sich immer noch zu wenige davon anstecken.

Wir mögen den Besitzstand mehr als das Risiko.
Wir mögen das sichere Einkommen und den sicheren
Arbeitsplatz.
Nach einer Studie der Unternehmensberatung Ernst & Young
können sich 53 Prozent der Studierenden

sehr gut vorstellen, Beamte zu werden.
Für 51 Prozent ist Jobsicherheit generell das wichtigste Kriterium bei der Wahl des Arbeitgebers.

Sie sind alle im besten Salatbar-Alter – und wollen Sicherheit.

Doch diese Sicherheit ist nur eine vermeintliche Sicherheit.
Wenn die Zeiten rau werden,
so wie sie in den Corona-Zeiten über Nacht rau geworden sind,
kann sich die Abhängigkeit von einem Arbeitgeber
plötzlich als Bumerang erweisen.

Und statt genau jetzt die Chance zu ergreifen,
eine Idee umzusetzen,
ein Unternehmen zu bauen
und Arbeitsplätze zu schaffen,
wird ängstlich auf die Führungsetage geblickt,
ob dort eine weise Entscheidung getroffen wird.
Oder überhaupt eine Entscheidung.
Denn selber Verantwortung für unser Leben zu übernehmen,
das haben wir verlernt.

Die Unternehmen der Vergangenheit,
die damals groß geworden sind,
die für Reichtum und Wohlstand gesorgt haben,
werden nicht alleine die Antworten auf die Zukunft geben können.
Nicht zuletzt,
weil ein neues technologisches Zeitalter anbricht,
eine digitale Revolution im Gange ist,
auf die die wenigsten Unternehmen der alten Welt wirklich vorbereitet sind.

Im Neuen Land brauchen wir
eine neue Garde Unternehmer und Unternehmerinnen der ersten Generation.
Wir brauchen unternehmerischen Nährboden.
Wir brauchen eine neue Gründerzeit!
»Gründen muss Teil unserer DNA werden«,
würde Gründer und Investor Frank Thelen sagen.

Ich bin im Herzen Unternehmerin,
ich schaffe gerne,
setze gerne um,
verändere gerne die Welt – in meinem Kopf die ganze Welt,
in der Wirklichkeit die Welt um mich herum.

Und ich habe großen Respekt vor Menschen,
die aus dem Nichts Unternehmen aufbauen.
Die nicht ein leeres Blatt Papier sehen,
sondern eine Innovation,
ein Team,
ein Produkt,
die die Fantasie haben, eine neue Welt zu sehen – wo andere nichts sehen.

Großen Respekt habe ich auch für den Mittelstand,
die vielen Familienunternehmen,
die sich über Generationen immer wieder neu erfinden und weiterentwickeln.
Die sich nicht darauf verlassen, dass ein anderer ihnen hilft,
sondern ihrem eigenen Kompass folgen,
die Verantwortung übernehmen,
mutig, hartnäckig, zuversichtlich bleiben –
und das mit einem offenbar nie versiegenden Durchhaltevermögen.

Aber noch beeindruckender finde ich,
wenn unternehmerische Vision und Umsetzungsstärke eingesetzt werden,
um gesellschaftliche Herausforderungen zu lösen.
Dann steigt mit jeder Million Umsatz nicht nur der Wert des Unternehmens, sondern wir profitieren als gesamte Gesellschaft.

Dann verändert Unternehmertum wirklich im positiven Sinn die Welt
und ist mehr als ein sicherer Arbeitsplatz oder
ein kurzfristiges Wohlstandsversprechen.

Der Unternehmer John Elkington hat die Wirkungsweise des
verantwortungsvollen Unternehmertums mit der
»triple bottom line« beschrieben.

»Triple bottom line«
als dreifache Messung des Ergebnisses eines Unternehmens.
Gemessen wird die ökonomische, die ökologische und die soziale Leistung.
Um wirklich nachhaltig zu sein –
und in gewisser Weise auch weltverändernd –,
gilt es, eine Balance zwischen allen dreien herzustellen.

Wirtschaftskraft, gemessen nach Umsatz oder Gewinn,
ist also nur eines von drei Zielen.
In Deutschland gibt es eine Vielzahl von Unternehmen,
die das Prinzip der »triple bottom line« exzellent verinnerlicht haben,
beispielsweise Bosch, Zeiss oder Alnatura.
Aber auch Start-ups, wie Ecosia, Einhorn, Lemonaid, Planetly oder nebenan.de.
Aber es sind noch Ausnahmen.
Zudem besteht die Gefahr,

dass die Nachhaltigkeitsziele und Ideale des Social Entrepreneurships
pandemiebedingt ins Abseits geraten.
Weil sie bisher ohnehin oft nur
als Zierde,
als Nice-to-have gesehen wurden.

Für mich sind sie jedoch systemrelevant
und gehören als wichtiges Element in Parteiprogramme und
Koalitionsverträge.
Zwar standen sie dort schon im Alten Land.
Aber verändert hat sich nichts.
Der Gedanke ist nicht angekommen, nicht umgesetzt worden,
sondern nur ein Lippenbekenntnis geblieben.

Es wurde weder die Geisteshaltung des Social Entrepreneurs
nachvollzogen,
noch ein Verständnis für diese Unternehmen entwickelt.
Tatsächlich ist Social Entrepreneurship im Alten Land
zu wenig sichtbar und relevant geworden,
es ist – trotz steigender Bekanntheit – zu selten ein Business-Case
geworden.

Das machen wir im Neuen Land anders.
Dort nehmen wir Social Entrepreneurship ernst.
Dort schaffen wir neue Unternehmensformen.
Und zwar nicht nur in rechtlicher, sondern auch in inhaltlicher Hinsicht.

Unternehmensformen,
die die triple bottom line in der DNA und natürlich auch im
Handelsregister verankern
und für alle, für Shareholder, Mitarbeiter*innen, Kunden und die
Gesellschaft, sichtbar machen.

Eine neue Unternehmensform, was meine ich damit?

Nun, wir kennen, um ein paar Beispiele zu nennen,
die AG, GmbH, GbR, e.V.,
gGmbH und die Stiftung.

Die bewährten, zum Teil 120 Jahre alten Rechtsformen.
Diese Rechtsformen machen aus Unternehmen
etwas »Käufliches«,
eine Ware, die verkäuflich ist.
Vermögen, das ausschüttbar ist.

Jedoch werden viele Start-ups
von Menschen gegründet,
die keinen Exit und kein schnelles Geld als Ziel verfolgen,
die nicht so schnell wie möglich ihr Unternehmen an einen Konzern verkaufen wollen.

Sie wollen in erster Linie
ihre eigene Geschäftsidee verfolgen,
die Welt besser machen.
Sie wollen Verantwortung übernehmen.
Sie wollen mit ihren Unternehmen Probleme in der Gesellschaft lösen.
Doch genau um dieses Versprechen zu geben,
fehlt heute die geeignete Rechtsform.
Da reicht die GmbH eben nicht mehr.

Wer als Unternehmer*in nicht nur ein anderes Verständnis vorleben
und den Menschen wieder mehr in den Mittelpunkt seiner Überlegungen stellen möchte,
sondern das auch unkompliziert rechtlich verankern will

– entweder um mehr Möglichkeiten zu haben die Nachfolge zu regeln
oder Mitarbeiter*innen und Nutzer*innen das Versprechen zu geben,
dass das Unternehmen autonom bleibt
und das Vermögen dem Unternehmenszweck dient –,
der steht oft mit leeren Händen da.

Das widerstrebt vielen.

Rund 500 namhafte Unternehmer*innen
haben sich deshalb zusammengetan
und der Politik die Idee einer Gesellschaft in Verantwortungseigentum vorgestellt.
Durch eine kleine, aber wirkungsvolle Ergänzung des GmbH-Rechts könnte, so die Initiator*innen,
eine neue GmbH-Variante auf den Weg gebracht werden.
Die Gesellschaft in Verantwortungseigentum, die GVE.

Die GVE sollte sich an der bewährten GmbH orientieren, aber
erstens eine Vermögensbildung vorsehen,
wie beispielsweise bei einer Stiftung,
und zweitens erlauben, die Anteile treuhänderisch von Generation zu Generation einer Wertefamilie zu übergeben. Und diese Familie können zum Beispiel auch die Mitarbeiter*innen sein.
Die GVE würde damit Unternehmer*innen und Gründer*innen
mit einem anderen Unternehmensverständnis eine echte Alternative bieten.

Für mich ist das ganz klar ein Signal des Aufbruchs und Umdenkens.
Und ich glaube,
das Thema Rechtsform bietet noch weit mehr Veränderungspotenzial.

Meine Idee, um über die Rechtsform den Wandel einzuleiten,
ist die Einführung einer nachhaltigen GmbH,
der nGmbH.

Das »n« steht in diesem Fall für »nachhaltige«.
Und die nGmbH steht
für eine neue Zeit,
für ein neues Denken,
für neues Unternehmertum.

Die nGmbH wirtschaftet natürlich gewinnorientiert,
darf selber entscheiden, ob sie Gewinne ausschüttet
oder im Unternehmen belässt.

Ihre Nachhaltigkeit wird vom Finanzamt anerkannt und überprüft,
wie das beispielswiese bei der Gemeinnützigkeit schon immer der Fall ist.

Oder man geht sogar noch weiter.
In vielen Ländern, wie den USA oder den Niederlanden,
gibt es mit den sogenannten »B-Corps«,
den »Benefit Corporations«,
schon eine geeignete Rechtsform für soziale und nachhaltige Zwecke.

Für die Zertifizierung der B-Corps sind dann unabhängige »B-Labs« zuständig.
Es könnte daher Sinn machen,
die nGmbH auch in Deutschland
von gemeinnützigen, unabhängigen Agenturen prüfen zu lassen –
statt vom Finanzamt.

Wer auch prüft oder zertifiziert,
die erste Frage lautet immer:
Wann ist ein Unternehmen nachhaltig?
Worin besteht die Nachhaltigkeit?
Und was sind die Voraussetzungen für ein Unternehmen,
um als nGmbH eingestuft zu werden?

Nun, eine nGmbH muss drei Kriterien aufweisen:

1. Sie muss klimaneutral wirtschaften und das durch Testate nachweisen. Außerdem muss sie aktiv zur CO_2-Reduktion beitragen. Es reicht also nicht, sich einmal pro Jahr durch Offsetting CO_2-neutral zu stellen, sondern eine Kernmessgröße ist die jährliche Reduktion des CO_2-Ausstoßes mit verbindlichen Zielen.

2. Sie muss ihre Mitarbeiter*innen am Unternehmen beteiligen – und zwar mit mindestens 15 Prozent. Damit das in Deutschland unbürokratisch und fair möglich ist, wie beispielsweise in den USA oder Frankreich, setzen wir die Initiative des Bundesverbands Deutsche Startups *#ESOPasap* um.

3. Zusätzlich sollte ein festgeschriebenes Spendenvolumen verankert werden, mit dem gesellschaftliche Verantwortung übernommen werden kann. Die Firma Patagonia spendet beispielsweise ein Prozent ihres Jahresumsatzes für Nachhaltigkeitsprojekte.

Die Beschreibung aller drei Kriterien wird verpflichtend
in Form eines Nachhaltigkeitsberichtes
im Jahresabschluss der nGmbH ausgewiesen.

Es mag bürokratisch klingen, es mag wenig visionär klingen.
Es mag nach viel Arbeit mit wenig Wirkung klingen.

Aber die Gründung einer nGmbH ist der Auftakt.
Der Auftakt für einen tiefgreifenden Wandel
– im unternehmerischen Handeln,
aber auch im unternehmerischen Denken.

Natürlich geht es auch im Neuen Land
um globale Wettbewerbsfähigkeit.
Natürlich geht es um Leistung,
um Innovations- und Wirtschaftskraft,
um Wachstum,
um smartes Unternehmertum.

Aber mit der nGmbH wird fixiert, was sich schon länger andeutet.
Dass Nachhaltigkeit kein Thema mehr ist,
das einen modernen Anstrich
oder ein urban-veganes Lebensgefühl widerspiegelt.
Vielmehr schafft Nachhaltigkeit ein fundamental neues Verständnis wirtschaftlichen Handelns.
Ein Verständnis für das, was in Zukunft wichtig ist.

Unternehmer*innen können mit der nGmbH ganz klar ihre Überzeugung für nachhaltiges Wirtschaften signalisieren.
Die »nGmbH« ist ein Zeichen
für Qualität,
für Ernsthaftigkeit,
für Verantwortungsbewusstsein und Weitblick.

Und sie ist ein klares Signal an Mitarbeiter*innen
sowie an Bewerber*innen.
Die Frage nach dem Warum,
nach dem Sinn, wird für Mitarbeiter*innen immer entscheidender.
Wer weiß, warum er etwas tut,

wer aus der Überzeugung heraus arbeitet, das Richtige zu tun,
wird auch mehr und engagierter arbeiten.
Und um die Zahl der nGmbH zu steigern,
wird es eine steuerliche und bürokratische Entlastung für die nGmbH geben.
So wird es von Anfang an möglich sein,
die nGmbH komplett online zu gründen.
Es sollen auch bestehende Unternehmen
einfach und schnell in eine nGmbH umgewandelt werden können.

Und es wird externes Kapital in die nGmbH fließen.
Viel Kapital.

Der Staat wird Anreize schaffen, damit Investor*innen und Kapitelgeber*innen
in eine nGmbH investieren können.
Und wie es Anreize gibt,
wird auf der anderen Seite dem Missbrauch ein Riegel vorgeschoben.
Es würde den Gedanken der Nachhaltigkeit torpedieren,
wenn wieder die Kapitaltricks des Alten Lands siegen.
Denn auch bei Anleger*innen wird sich – Corona hin, Corona her – der Wind drehen.
Bisher galt die Maxime des Ökonomen Milton Friedman:
»Die soziale Verantwortung eines Unternehmens ist es, den Gewinn zu maximieren.«

Doch neben der Gewinnmaximierung werden
neue nachhaltige Geschäftsmodelle
auch für institutionelle Anleger*innen immer wichtiger.
Zumal auch der Klimawandel Risiken für Unternehmen
und Aktionär*innen mit sich bringt.

Die steigende Häufigkeit und Intensität extremer Wetterereignisse
führen zu steigendem Ausfallrisiko,
drohender Vermögensabwertung und einer sinkenden Rendite.

Eine strategische Ausrichtung eines Unternehmens an
Nachhaltigkeitskriterien
dient nicht nur dem Schutz und Erhalt unseres Planeten,
nicht nur der Verbesserung der Lebensbedingungen
für Menschen, Tiere und unserer Umwelt,
sondern liegt auch im strategischen Interesse jedes gewinnorientierten
Unternehmens.

Die Nachhaltigkeitsunternehmer*innen
werden die Role Models im Neuen Land.

In angelsächsischen Ländern gehört es für Unternehmer*innen längst
zum guten Ton und ist Voraussetzung für ihren Erfolg,
soziale Projekte zu unterstützen,
Menschen zu unterstützen,
es wird schon in der Schule
soziales Engagement gefördert und gefordert,
es wird schon früh über den eigenen Tellerrand geblickt.

Im Neuen Land wollen wir auch diese Haltung mit
der nGmbH noch verstärken.
Unternehmertum ist sozial,
nachhaltig
und verantwortungsbewusst.

Auch das kann ein Grund sein, zu gründen.
Denn neue Unternehmer*innen werden gebraucht.
Und die beste Zeit zu gründen – ist jetzt.

In globalen Krisen werden die Karten neu gemischt.
In Krisen sind schon viele außergewöhnliche Ideen entstanden.
In der Krise haben schon viele,
ihren eingeschlagenen Weg verlassen,
haben Lücken und Nischen entdeckt,
haben die Krise zum Anlass genommen,
es selbst in die Hand zu nehmen –
und Unternehmer*in zu werden.

Aber trotz guter Ausgangslage
fallen die Unternehmer*innen nicht vom Himmel.
Wir müssen sie auf den Weg bringen,
unterstützen und ausbilden.

Wo werden Unternehmer*innen ausgebildet,
wenn es keine Frage des Elternhauses sein soll?
An der Schule und besonders an den Universitäten.

An der Schule wird Unternehmertum bisher nur sehr vereinzelt beigebracht.
Deswegen haben wir die gemeinnützige Initiative
STARTUP TEENS gegründet,
um unternehmerisches Denken und Handeln
bei jungen Menschen zu fördern.

Wir sind sehr praxisorientiert vorgegangen.
Wir haben mit Schüler*innen
im Alter zwischen 13 und 19 Jahren
Gründerworkshops gemacht.
Wir haben sie Ideen entwickeln
und selbst Businesspläne schreiben lassen.
Wir haben ihnen Unternehmensinhalte via YouTube vermittelt,

sie mit Mentor*innen in Verbindung gebracht,
haben mit den Schüler*innen auf den für sie relevanten Kommunikationskanälen gesprochen –
und die Saat ging auf,
in vielerlei Hinsicht.

Nicht nur, dass sie gründeten,
die Jugendlichen,
die wir erleben,
gründen automatisch mit viel mehr Purpose:

Beispielsweise die Anti-Mobbing App *exclamo*, oder das Tool *sharezone*, das hilft, den Schullalltag zu organisieren.
Oder auch *pipe-it*,
eine App, die Hobbyschiedsrichter mit Fußballvereinen verbindet.
Die Gründungsidee hatte eine 14-Jährige,
weil sie als Torwartin ihres Fußballvereins
ein Problem erkannt hat,
für das ihre App Abhilfe schaffen kann.

Sie hat mit *pipe-it* den zweiten Platz beim STARTUP TEENS-Finale 2019 belegt.
Und steht damit stellvertretend für die vielen anderen.

Von Anfang an denken sie in Produkten,
die für andere hilfreich sind.
Sie denken nicht nur an Gewinn und Umsatz,
sondern auch an Sinn und Nachhaltigkeit.

Darauf werden wir im Neuen Land aufbauen.
Auf ein nachhaltiges Denken.
Weil es Unternehmer*innen eben nicht egal ist,

was mit Deutschland, Europa und unserer Welt passiert.
Oder in welcher Welt unsere Kinder leben werden.

Die »Salatbar« war übrigens nur der Anfang
meiner unternehmerischen Laufbahn.

Sieben Jahre nach der gescheiterten Unternehmung gründete
ich wieder.
Inzwischen hatte Steve Jobs ein neues, faszinierendes Gerät
vorgestellt:
Das iPad.

Es kam Ende 2011 auf den Markt.
Das iPad war ein Gerät, das überall hinpasste,
leicht bedient
und von jedem in die Hand genommen werden konnte.
Auch von Kindern.

Allerdings gab es wenige geeignete Apps für Kinder.
Mein Co-Gründer und ich sahen darin die große Chance,
ein Unternehmen zu gründen,
das hochwertige Apps für Kinder entwickelte.

Die Entwicklung von Apps war ein Riesenmarkt,
und der App Store bot eine globale Vertriebsplattform.
Man konnte plötzlich seine »Ware«
in China, Japan und Russland anbieten,
ohne jemals vor Ort gewesen zu sein.
Und diese Marktopportunität wurde durch das iPad noch größer.

Bei uns kam alles zusammen.
Wir waren ein gutes Team.

Der Markt war riesig, er umfasste 130 Länder.
Der Zeitpunkt war gut.
Und vor allem hatten wir bereits ein sehr breites Netzwerk
in der Entwickler- und Game-Design-Community aufgebaut,
um auch wirklich mit einem guten Produkt für Kinder
an den Markt gehen zu können.

Und:
Wir hatten keine Angst.

Von Anfang an war klar,
dass wir kein deutsches Unternehmen in Deutschland,
sondern ein internationales Unternehmen sein wollten.

Wir nannten es »Fox & Sheep« statt »Fuchs & Schaf«.
Und übersetzten alle Apps in mindestens zwölf Sprachen.
Mit diesen zwölf Sprachen, so errechneten wir,
würden wir 80 Prozent der potenziellen Nutzer erreichen.

Und wir erreichten viele.

Apps wie *Schlaf gut*, *Streichelzoo* oder *Kleine Bauarbeiter* wurden internationale Bestseller.
18 Monate nach Gründung durchbrachen wir die Schallmauer
von zehn Millionen Downloads.
Das Team wuchs.
Wir kauften ein russisches Entwicklerstudio,
und die größten Momente für uns waren,
wenn wir auf Reisen in Restaurants in Thailand, China oder Mexiko saßen –
und am Nachbartisch Kinder unsere Apps spielten.

»Think global, act local« –
der Satz,
den ich in meinem Studium in St. Gallen gelernt hatte,
dieser Satz hatte plötzlich eine reale Ausprägung.

Ich hatte den Ehrgeiz, es schaffen zu wollen.
Aber auch die Demut, dieses »es« nicht erzwingen zu können.
Gleichzeitig machte mir ein mögliches Scheitern keine
Angst mehr.

Und noch etwas wurde mir klar:
Die Gründung von Fox & Sheep und später auch der Aufbau der
HABA Digitalwerkstätten hätten nie so gut geklappt,
wenn ich mit 25 nicht richtig auf die Nase gefallen wäre.

Mein Großvater hat immer den dänischen Philosophen
Sören Kierkegaard zitiert:
»Das Leben wird vorwärts gelebt und rückwärts verstanden.«

Dieser Satz macht mir bis heute Mut.
Wie auch die Erinnerung an meinen Großvater.

Eine meiner Lieblingserinnerungen sind die Ferien bei ihm.

Meine Großeltern lebten in Hamburg, und wenn meine jüngere
Schwester Viktoria und ich zu Besuch kamen,
ging unser Großvater häufig mit uns ins Schwimmbad.
Dort hing in der Mitte des Beckens eine Schaukel von der Decke.
Für uns war das ein Riesenspaß.

Ich sprang immer von der Schaukel, die Haare nach unten, mit lautem
Geschrei kopfüber ins Becken,

meine Schwester ging am Rand, etwas vorsichtiger,
über die Leiter hinein.

Und während ich manches Mal abstürzte und einen Bauchklatscher machte,
glitt sie langsam und sicher ins Wasser.
Sie fühlte erst mal vor.
Ich schmiss mich hinein.

Meine Schwester war schon immer mein Ruhepol.

Sie hat in unsere Familie von jeher Konstanz gebracht.
Während besonders mein Vater und ich mit unseren Unternehmergenen ständig machen mussten,
ständig die nächste Aufgabe im Kopf hatten,
war sie es,
die für Gelassenheit sorgte,
die auch mal das Radio mit den Börsenkursen ausschaltete,
die auch mal Rechnungen vom Küchentisch wegräumte und stattdessen
selbstgebackenen Kuchen hinstellte.
Und die dafür sorgte, dass wir als Familie in den Urlaub fuhren
– und dort auch wirklich Urlaub machten.

Sie war umsichtiger im Arbeitsleben.
Und zog die Festanstellung vor,
verhandelte ihr Fixgehalt mehr als ihren Bonus,
erkundigte sich nach Aufstiegsmöglichkeiten.
Und war trotz gleicher familiärer Prägung
lieber angestellt als kopfüber in der »Salatbar«.

Eigentlich erstaunlich.
Wir haben dieselben Wurzeln,

dieselben Werte vorgelebt bekommen,
dieselbe Erziehung genossen,
den gleichen Antrieb in uns und eine ähnliche Sicht auf die Dinge.
Aber während ich mir Beulen holte und einfach draufloskraulte,
wärmte sie sich erst mal auf,
um dann langsam loszuschwimmen.

Doch es gibt viele Wege zum Unternehmertum.

Viktoria stürzte sich nicht hinein,
sie wollte sicher sein, dass Wasser im Becken war –
bevor sie sprang.
Sie machte sich allmählich mit der Wassertemperatur vertraut
und bereitete neben ihrer Festanstellung konzentriert und sorgfältig
ihre Selbständigkeit vor.
Vor sieben Jahren gründete sie schließlich ihr erstes Unternehmen
und ist heute Gesellschafterin von zwei weiteren.
Um ein*e erfolgreiche*r Unternehmer*in zu werden,
um Arbeitsplätze zu schaffen,
dafür gibt es nicht den »einen Weg«,
dafür braucht es nicht den »einen Charakter«.
Man muss auch nicht hineingeboren werden.
Man kann es lernen,
kann es sich abschauen,
kann sich anstecken lassen.
Kann es sich auch erst später zutrauen.

Und egal, auf welchem Weg man sich der Gründung nähert,
es nicht zu versuchen,
das wäre das Bedauerliche.

Konkrete Ideen für das Neue Land

▶ nGmbH

Vermeintlich kleine Änderungen haben oft eine enorme Wirkung. Manchmal reicht nur ein Buchstabe. Klar, es ist mehr als nur ein Buchstabe, denn der Hebel einer »Änderung der Rechtsform« für Unternehmen wäre riesig, die nGmbH könnte wirklich für mehr Nachhaltigkeit sorgen, viel mehr als wohlmeinende Beteuerungen und das gegenwärtig häufige »Greenwashing«.

▶ STARTUP TEENS

Unternehmerisches Denken kann man in den Genen haben. Aber man kann es auch lernen, man sollte es ausprobieren dürfen, so früh wie möglich. Egal, woher man kommt. Junge Menschen sollten nicht nur nach Sicherheit suchen, sie sollen etwas riskieren, etwas unternehmen dürfen. Mit gemeinnützigen Initiativen, wie STARTUP TEENS, fördern wir unternehmerisches Denken und Handeln schon in der Schulzeit.

NEW WORK
IM NEUEN LAND

»Ich muss zum Flieger!«
Für mich ist das ein Satz aus dem Alten Land.

Nicht, dass wir nicht mehr zum Flieger dürfen oder müssen,
mir geht es auch nicht um Scham,
aber dieses Statussymbol,
dieses »Ich reise, also bin ich wichtig« –
das wird die Pandemiezeit vermutlich nur schwer überleben.

Was auch – übrigens unabhängig von Viren –
an der Einsicht liegen wird:
Man muss nicht überall live dabei sein.
Denn selbst wenn jemand glaubt,
er müsse ständig Präsenz zeigen,
scheint sich nun ein Meilenstein des New Work durchzusetzen.

Was sich seit Jahren angedeutet hat,
wird im Neuen Land Realität:
die Präsenzkultur verliert an Bedeutung.

Unternehmen werden weniger Büroflächen benötigen,
vielleicht sogar ein komplett anderes Verständnis
von Arbeitsorten entwickeln.
Viele haben erlebt, wie intensiv sie zuhause arbeiten können,
schwierig wurde dort nur das Nichtarbeiten.
Vermutlich werden wir Plätze schaffen müssen,
wo nicht gearbeitet wird.
Vielleicht werden Unternehmen Nichtarbeitszonen errichten.

In jedem Fall wird die Arbeitsumgebung weniger statisch.
Es gibt flexible Tische, sogenannte Hot Desks,
man sitzt nicht immer am selben Platz,

lernt andere Kolleg*innen kennen,
kommuniziert offener,
lässt sich von neuen Perspektiven inspirieren.

Jeden noch so kleinen Silo überwinden wir.
Und wenn jemand nicht vor Ort ist,
ist er trotzdem dabei.

Denn Streaming ist jetzt Pflicht!
Die Videokonferenz
oder eine Mischung aus Präsenz- und Video-Konferenz
sind der Normalzustand.
Jedes Unternehmen ermöglicht von nun an Hybridmeetings.
Was jedem die Freiheit lässt,
auch woanders zu sein.

Es ist nicht mehr nötig, ständig »im Flieger« zu sitzen.
Es ist kein Nachweis der eigenen Wichtigkeit mehr,
wenn man permanent unterwegs ist,
gestern in Zürich, morgen in Frankfurt und heute das Treffen in Düsseldorf.

Vielmehr sollte es verdächtig sein,
wenn einer ständig unterwegs sein muss.

Statt in Ehrfurcht vor den Menschen zu erstarren,
die scheinbar in jeder Ecke dieser Welt gebraucht werden,
sollte gefragt werden:
»Was hat das gebracht, dass du in Zürich warst?«
»Hast du die gesteckten Ziele in Frankfurt erreichen können?«

Und die wichtigste Frage lautet:
»Musst du da wirklich hin?«

Gibt es keine digitale Lösung,
um Daten abzurufen und auszuwerten?
Und keine virtuelle Möglichkeit, die Ergebnisse zu besprechen?
Kein Tool, um den Fortschritt des Projektes nachzuvollziehen?
Kein Programm,
das nicht auch von zuhause abrufbar ist?

Denn:
Das Zuhause ist kein unproduktiver Ort.

Nach einer Erhebung der Universität Konstanz,
gaben im April 2020
rund die Hälfte der Befragten an,
im Homeoffice besser und effektiver zu arbeiten.
35 Prozent der rund 700 Studienteilnehmer
hatten vorher sogar noch nie von zuhause gearbeitet.

Und nach einer Studie des Münchner ifo Instituts im Juli 2020
wollen 54 Prozent der Unternehmen weiter auf das Homeoffice setzen.
Die Forscher gehen davon aus,
dass sich hybride Arbeitsmodelle zwischen Präsenzarbeit und Homeoffice
immer mehr durchsetzen werden.

Und selbst die traditionsreichen deutschen Konzerne ziehen nach.
So hat Siemens im Juli 2020 angekündigt,
auch nach der Coronapandemie stark auf mobiles Arbeiten zu setzen.
140 000 der weltweit 240 000 Mitarbeiter*innen
sollen künftig an zwei bis drei Tagen pro Woche

nicht mehr ins Büro oder ins Werk müssen.
Man habe gesehen, wie produktiv und effektiv
das mobile Arbeiten sein kann, heißt es bei Siemens.

Und offenbar auch, dass es viele Mitarbeiter*innen zufriedener macht.
Und größere Zufriedenheit unter Mitarbeiter*innen wäre endlich
eine großartige Entwicklung.

Seit 20 Jahren veröffentlicht die amerikanische Beratungsfirma Gallup
den sogenannten Engagement-Index,
und seit 20 Jahren zeichnet er das immer gleiche Bild:
Nur 15 Prozent aller Mitarbeiter*innen weltweit sind hoch motiviert.
In Deutschland hat sich der Wert bei 16 Prozent eingependelt.

Der Rest der Belegschaft macht entweder Dienst nach Vorschrift
oder hat innerlich bereits gekündigt.

Und obwohl viele Firmen in den vergangenen Jahren
auf agiles Teamwork,
Obstschalen und teure Kaffeemaschinen gesetzt haben,
stagniert die globale Arbeitsmotivation bei 15 Prozent.

Jim Clifton, der CEO von Gallup,
der seit Jahren mehr oder weniger
die immer gleichen Ergebnisse verkündet,
hat dazu eine klare Meinung.

»Ja, alle bauen jetzt Volleyballfelder für ihre Mitarbeiter,
es gibt Mittagessen und Bananen umsonst.
Ich glaube aber, das ist sehr schädlich für die Mitarbeitermotivation.
Es entsteht dabei eine Erwartungshaltung«,
sagte Clifton im »Handelsblatt«.

Die Mitarbeiter*innen würden nur noch fragen,
»Was kann ich hier für mich herausholen?«

Es sei aber viel wichtiger,
dass Mitarbeiter*innen mit Führungskräften darüber reden,
was sie werden können.

Es sei gefährlich, immer nur Erwartungen zu wecken.
Stattdessen müsse der Fokus auf der Wertschätzung liegen.

Es ist eben nicht die entscheidende Frage,
ob es Mexikanisch oder Indisch oder beides in der Kantine gibt,
sondern

> ob die Fähigkeiten eines*r Mitarbeiters*in
> wertgeschätzt werden – und ob die Firma
> die Entwicklung ihrer Angestellten fördert.

Das ist New Work.

Und das steht für die Strahlkraft von New Work,
die auch das Arbeiten im Neuen Land auszeichnet.

Selbstverständlich gehören gute Mahlzeiten,
ein Sport- und Gesundheitsangebot
sowie eine gesicherte Work-Life-Balance
zu einem modernen Unternehmen dazu.
Aber im Kern geht es bei New Work
um Menschen,
die nicht nur ihren Job machen.

So hat es auch der Erfinder gesehen.

Der Begriff New Work geht auf den
amerikanischen Philosophen Frithjof Bergmann zurück,
der in den 1980er-Jahren
aus der Not eine Tugend machte.

Er wollte die zerstörte Industriestadt Flint in den USA
wiederaufbauen.
Das veranlasste ihn,
Arbeit neu zu denken.

Für Bergmann waren die zentralen Werte der »Neuen Arbeit«:
Selbstständigkeit, Freiheit und
Teilhabe an Gemeinschaft.

Unter Freiheit verstand Bergmann
nicht nur Entscheidungsfreiheit zwischen Alternativen,
sondern Handlungsfreiheit –
und so wurde Flint zum Prototypen des New Work.

Die Ursprünge von New Work wurzelten also in einer Krise.
Es war nie ein rosaroter Tagtraum.

Im Grunde war und ist das Ziel von New Work,
eigentlich »Best Work« zu erreichen.

Es geht darum, die Arbeit so zu gestalten, dass sie bestmöglich wird.
Es geht darum,
den eigenen Mitarbeiter*innen mit Respekt und Fairness zu begegnen,
ihre Entwicklung zu fördern,
mit ihnen gemeinsame Ziele zu definieren,
ihnen mehr zu vertrauen als sie zu kontrollieren,
und ihnen die Sinnhaftigkeit der Arbeit,

den Purpose ihres Tuns,
besser zu vermitteln.

Mir ist es wichtig,
dass Arbeit nicht als Selbsterfahrung verklärt wird.
Sondern dass Arbeit heißt,
sich nicht für alles zu schade zu sein.
Dass Arbeit unangenehm sein kann –
und dass Arbeit auch heißt, etwas durchzuhalten.
Etwas zu erreichen.

Als Unternehmertochter stehe ich natürlich
immer ein bisschen unter Generalverdacht,
richtige Arbeit nicht kennengelernt zu haben.

Tatsächlich kann ich richtig hart arbeiten.
Tatsächlich haben meine Eltern sehr viel Wert daraufgelegt,
dass man sich für nichts zu schade sein sollte.

Konsequenterweise fanden meine Ferienjobs als Teenagerin
zwischen Webstühlen statt.

Unser Familienunternehmen produziert Stoffe,
die unter anderem
in der Luftfahrt, der Automobilindustrie und in der Hotellerie
verwendet werden.

Und in den Sommerferien
durfte ich diese Arbeit wirklich kennenlernen.

In den Hallen dröhnten riesige Webstühle,
es war ein Höllenlärm.

Die Webblätter ratterten im Takt
und die Garne wurden zu Stoff verarbeitet.

Meine Aufgabe: Ich sollte zwischen den Webstühlen
Garnreste entfernen, sogenannte Wollmäuse,
die die Qualität der Stoffe beeinträchtigen könnten.
Dafür kroch ich bei großer Hitze mit Ohrstöpseln
zwischen den Webstühlen herum
und saugte stundenlang Wollmäuse.

Die Lektion:
Nimm nicht alles als gegeben hin,
wer etwas bekommen will,
muss es sich erarbeiten!
In meinem Fall waren es meine Tennis- und Reitstunden.
Die konnte ich mir damit leisten,
meine Eltern wollten sie nicht einfach ohne Gegenleistung zahlen.

Und da, zwischen den Webstühlen, habe ich
wahrscheinlich wirklich gelernt,
im wahrsten Sinne des Wortes nie die Bodenhaftung zu verlieren.
Diese Lektion wirkt bis heute nach.

Vielleicht habe ich auch deshalb eine etwas
differenzierte Meinung zu
den vielen Blüten,
die das vermeintlich »Neue Arbeiten« so treibt.

Denn Arbeit kann immer auch
ein knallharter Herstellungsprozess sein,
der nicht schön,
nicht immer inspirierend ist.

Aber trotzdem etwas sein kann, was man
wirklich, wirklich will.

Natürlich muss man nicht zwischen Webstühlen herumgekrochen sein,
um heute von New Work zu sprechen,
aber es erdet
und schärft den Blick fürs Wesentliche.

Kathrin und Chris, die beiden Eigentümer des beliebten Cafés
Balz und Balz
in Hamburg, sind ein gutes Beispiel dafür.

Während der coronabedingten Schließung ihres Cafés
haben sie ihre Leute weiterbezahlt.
Um diesen finanziellen Aufwand irgendwie zu stemmen,
haben sich die beiden im Drogeriemarkt Budni an die Kasse gesetzt
und hart, viel und systemrelevant gearbeitet.

Es ist zwar nur ein kleines Beispiel,
aber es zeigt,
worauf es mir ankommt:

Sich verantwortlich fühlen für seine Mitarbeiter*innen,
sich für nichts zu schade sein
und mit gutem Beispiel vorangehen –
das sind die großen Stärken des Neuen Landes.

Und das Neue Land
bietet die beste Voraussetzung
für diese Haltung,
für diese Handlungsfreiheit,
für New Work.

Denn ein Wesenszug von New Work ist:
Den Menschen wird mehr zugetraut – und mehr vertraut als bisher.
Das fängt oben an:
Führungskräfte lernen »loszulassen«
und den Kontrollverlust auszuhalten.
Sie geben ihren Mitarbeiter*innen einen Vertrauensvorschuss
und halten es aus, nicht jeden Schritt zu überwachen.
So wie wir durch das Helikoptern um unsere Kinder herum
keine selbständigen und lösungsorientierten Menschen aus ihnen machen
und auch ihr eigenständiges Denken nicht fördern,
so führt das Mikrokontrollieren unserer Mitarbeiter*innen
auch nicht dazu,
dass sie beginnen, eigene Lösungen vorzuschlagen und umzusetzen.
Deshalb braucht es ein Mehr an Vertrauen,
ein Mehr an Selbstbestimmtheit,
an Entscheidungsfähigkeit,
um zwei der Kernfähigkeiten im Neuen Land zu beflügeln:
Kreativität und Innovationskraft.

Die Entscheidungsverantwortung ist zentral:
Im Neuen Land werden Entscheidungen getroffen.
Und zwar die weniger wichtigen *schnell* und die wichtigen *gut*.

Jeff Bezos, der Amazon-Gründer, unterscheidet interessanterweise
zwischen Entscheidungstyp D1 und Entscheidungstyp D2.

D1-Entscheidungen sind elementar.
Sie sind strategisch, richtungsweisend
und sollten gut überlegt sein.

Es geht bei D1-Entscheidungen um neue Produktionsstätten,
um neue Systeme oder um den Zukauf von Unternehmen.
Fehlentscheidungen sind teuer und die Konsequenzen
können sogar existenzbedrohlich sein.

D2-Entscheidungen sind dagegen überschaubarer.
Fehler sind nicht so schlimm,
die Konsequenzen nicht kritisch,
die Kosten niedrig.
Es geht bei D2-Entscheidungen beispielsweise
um die Auswahl neuer Bürostühle, um die Wandfarbe im Büro oder
um das Kantinenessen.

D2-Entscheidungen sollten, so gut es geht, delegiert werden,
Mitarbeiter*innen ermächtigt werden, sie schnell treffen zu dürfen.
Man darf, so Bezos, nicht zu viel Zeit mit D2 verbringen.
Sie verlangsamen und bremsen nur unnötig.
Neue Stühle sind ja keine große Sache.

Im Alltag von Unternehmen gibt es selbstverständlich
viel mehr D2- als D1-Entscheidungen.
Das Problem:
Viele Konzerne behandeln D2 wie D1 –
und das bremst Entscheidungsprozesse,
was alles langsamer und langsamer macht.

Niemand traut sich mehr, Entscheidungen zu treffen.
Kleine Themen werden groß gemacht.
Viele Köche sind am Werk und verderben den Brei.
Alles wartet auf die Entscheidung »von oben«.
Dabei geht es nur um neue Stühle.

Start-ups hingegen, und das ist auch eine Wahrheit,
laufen Gefahr, alles wie D2 zu behandeln.
Alles wird lässig wie ein Stuhlkauf erledigt,
und dabei unterschätzt man zum Teil massiv
die Risiken und die Tragweite großer Entscheidungen.

Im Neuen Land delegieren wir D2 und priorisieren D1.
Das macht uns einerseits schneller
und andererseits
richtungsweisender,
innovativer,
besser und
global wettbewerbsfähiger.
Wenn Menschen weniger warten müssen,
wenn nicht alles in Warteschleifen
und »Bottlenecks« festhängt,
sind Menschen motivierter,
holen mehr aus sich heraus,
fühlen sich besser wertgeschätzt.

Denn wie sehr stärkt es einen,
wir sehr steigert es Selbstbewusstsein und Selbstvertrauen,
sich nicht als fünftes Rad am Wagen zu fühlen
und auf Entscheidungen warten zu müssen,
auf Anweisungen von oben,
sondern selbst Verantwortung übernehmen zu dürfen.

Sicher,
nicht alle Mitarbeiter*innen wollen diese Form der
Entscheidungsfreiheit.
Sie wollen vielmehr klare Vorgaben, Leitplanken und Ansagen.
Und gute Führung heißt auch,

die Einzelne, den Einzelnen mehr zu »sehen«,
mehr dessen oder deren Bedürfnisse zu erkennen.

Es kommt an, zu erkennen,
wer »eng« geführt werden möchte –
wer sich »an der langen Leine« entfalten kann,
wer gesagt bekommen möchte, was zu tun ist oder
wer mehr Eigenverantwortung übernehmen will.

Um Eigenverantwortlichkeit umzusetzen,
brauchen wir in jedem Fall
eine neue Form der Unternehmenskultur.
Eine Unternehmenskultur, die ganz klar den Menschen
in den Mittelpunkt der Überlegungen stellt
und Fehler verzeiht.

Unternehmenskultur ist die Art,
wie wir in Unternehmen Gespräche führen.

Der Kern ist Empathie.
Empathie ist vermutlich die am wenigsten ausgeprägte Fähigkeit
von Old Management.
Es ist die Haltung, wirklich zuhören zu können,
wirklich etwas lernen zu wollen,
sein Gegenüber wirklich verstehen zu wollen.

Entgegen immer noch tradierter Überzeugungen
ist es kein Nachweis von Autorität,
Mitarbeiter*innen anzuschreien,
»auf den Tisch zu hauen«
und unter Androhung von Repressalien
Loyalität einzufordern.

Und es motiviert auch nicht zu besserer Leistung.
Menschen holen das Beste aus sich heraus,
wenn sie sich ernst genommen fühlen,
sie gefördert und gefordert werden,
wir ihnen einen Vertrauensvorschuss gegeben,
sie gehört werden,
sich wohlfühlen
und wissen, dass Fehler passieren dürfen.
Wo gehobelt wird, da fallen Späne.

Ein solches Umfeld führt dazu,
dass Menschen engagierter und konzentrierter arbeiten,
neue Ideen entwickeln
– und vor allem: dass sie bleiben wollen.

So sinkt die Fluktuation,
das Know-how bleibt im Unternehmen und
es entsteht eine Kontinuität, von der
Kund*innen, Kolleg*innen und Kooperationspartner*innen profitieren.

Und das liegt daran, dass wir uns selbst mehr wertschätzen.

Dass wir weniger und bewusster unterwegs sind.
Und wenn mehr Menschen zuhause arbeiten,
sinkt der Verkehr in den Städten –
wie auch der Stresspegel sinkt,
wenn man nicht morgens um sechs Uhr zum Flieger hetzen muss,
wenn Zeit für Sport bleibt,
wenn die Morgen und Abende mit der Familie verbracht werden können,
wenn mehr selbst gekocht und damit gesünder gegessen wird,
wenn das,
was wir uns mühsam als ein Zuhause erarbeiten

und mit Hypothekenzinsen oder Miete abzahlen,
wenn wir das auch in unserem Sinne nutzen,
auch um zur Ruhe zu kommen.
Das ist nicht nur ein Konzept für New Work.

Nein, New Work bildet dann das Fundament für ein New Life.

Entscheidend ist, dass die Ansprache stimmt.
Denn:
Je geringer die Präsenzkultur,
je mehr Dezentralität,
je mehr Loslassen oder Kontrollverlust,
desto wichtiger wird Kommunikation.

Wenn immer mehr Menschen an verschiedenen Orten
ihrer Arbeit nachgehen,
muss der Austausch organisiert sein.

Wenn nicht jede*r mitbekommt, was gerade wichtig ist,
fällt eine neue Unternehmens- und Gesprächskultur
schnell in sich zusammen.

Die Kommunikation ist der Schlüssel.

Mein Mann Philipp
ist Gründer des Heizungsunternehmens Thermondo.

Von den über 350 Mitarbeiter*innen
installieren die 180 Handwerker*innen von Thermondo
rund 500 Heizungen pro Monat.
Und in der Coronakrise hat sich gezeigt,
wie zentral Kommunikation war.

In den Wochen des Shutdowns hat Philipp jeden Abend eine Videobotschaft
an seine Mitarbeiter*innen geschickt.
Es ging um praktische Dinge, um den Schutz, um Masken und Desinfektionsmittel.
Es ging darum, wie sich die Heizungsmonteur*innen verhalten sollen,
wenn sie in den Kellern die Heizung einbauen,
welcher Abstand einzuhalten ist,
wie man mit Kund*innen in diesen Zeiten am besten kommuniziert.

Aber jeden Abend ging es um Wertschätzung und Emotionen,
die Philipp mit ihnen teilte.
Er sagte ihnen, was ihm Sorgen mache,
woraus er Kraft schöpfe,
dass er hoffe, man schaffe diese schwere Zeit auch ohne Kurzarbeit –
und er zollte den Eltern in seinem Team Respekt.
Wie sie diese Doppelbelastung schaffen,
dass er an sie denke,
das Gefühl der Überforderung gut nachvollziehen könne,
dass für Mitarbeiter*innen ohne eigene Familie
die Coronazeit auch sehr einsam sein könne.
Und wie viel Respekt die Handwerker*innen im Team verdienen,
die in diesen Zeiten hinfahren zum Kunden.
Er lobte regelmäßig das Durchhaltevermögen,
die Loyalität, die Einsatzbereitschaft.

Das überzeugte.

Weil es echt war – und nicht eine Empfehlung der HR-Abteilung,
dass es gut ankommen könnte.

Das verstehe ich unter moderner Führungskompetenz.
Unter Führung,
die mehr auf Nähe und Wertschätzung
und weniger auf Vorzimmerdame und Senatorstatus setzt.

Transparent und unverstellt
verschafft man sich Respekt durch Offenheit und Entscheidungsfreudigkeit,
nicht durch laute Ansagen.
So geht Leadership im Neuen Land.

Ich nenne es Human Leadership.

Wenn wir in Zukunft in einer digitalisierten Welt leben,
Maschinen immer mehr Aufgaben des Menschen übernehmen
und Kommunikation durch dezentrales Arbeiten herausfordernder wird,
ist Human Leadership besonders gefragt –
das Führen mit Herz und Hand.

Human Leadership heißt echtes Interesse am Menschen,
heißt Vertrauen,
heißt Fehlertoleranz,
heißt Menschlichkeit.

Die Führungskraft der Zukunft zeichnet sich durch die Nähe zu den Mitarbeiter*innen aus.
Sie macht transparent, warum sie welche Entscheidung trifft –
und nimmt die Mitarbeiter*innen kommunikativ mit.

Damit man weiß, für wen und wofür man arbeitet.

Eine solche Führungskultur kann nicht nur in Büros gelebt werden,
sie kann auch auf Behörden, Schulen, Krankenhäuser, Supermärkte übertragen werden.
Eine solche Nähe zu den Mitarbeiter*innen kann es aber nur dann geben,
wenn alle miteinander verbunden sind.

Wenn alle E-Mail-Adressen haben,
wenn sie Rechner haben,
wenn sie Zugriff auf Videoplattformen haben.

Um New Work auch bei systemrelevanten Berufen, wie
Lehrer*innen,
Krankenpfleger*innen,
Supermarktkassierer*innen, oder Müllmännern und -frauen zu haben,
brauchen diese auch eine berufliche E-Mail-Adresse
oder Zugang zu einer Unternehmensplattform,
damit man sie flächendeckend erreicht,
hört – und vor allem auch sieht.

»25 bitte an 3!« ist eine Supermarktdurchsage aus dem Alten Land.
Im Neuen Land sind Menschen keine Nummern mehr.

Denn genau das ist es, was New Work ausmacht:
Dass wir nicht mehr akzeptieren,
dass Menschen auf der Strecke bleiben,
keine Stimme haben,
nicht mitgenommen werden – sondern dass große Herausforderungen,
wie Digitalisierung, nur dann funktionieren,
wenn alle mit im Boot sind.

Ein gutes Beispiel ist der Farbenproduzent Brillux.
Inzwischen auch schon ein 130 Jahre altes Unternehmen

hat sich mit dem Bildungs-Start-up *simpleclub* zusammengetan.
Gemeinsam haben sie die Ausbildung zum »Maler & Lackierer« digitalisiert.
Auch um die Abbruchquote zu verringern.

Sie haben unter anderem die Lerninhalte der Berufsschule in ansprechenden Lernvideos verfilmt
und haben damit das Erfolgsmodell »duales System« in eine neue Ära geführt.
Denn New Work heißt:
Man muss die Ausbildung mitdenken.
Auch das hat mit Wertschätzung zu tun.

Und mithin die größte Wertschätzung drückt sich in Partizipation aus.
Mitarbeiter*innen sollen und müssen mitbestimmen dürfen,
wie die Zukunft gestaltet wird.

Das zeigt das Beispiel der Robert Bosch Lollar Guss GmbH.

Dort werden die Mitarbeiter*innen in der Produktion
in den Bewerbungsprozess mit eingebunden.
Sie entscheiden mit bei der Einstellung neuer Kolleg*innen.

Gestartet ist das Ganze als Graswurzelprojekt.
Doch der Erfolg ist überwältigend.
Die neu eingestellten Mitarbeiter*innen haben einen besseren Team-Fit
und die Produktionsmitarbeiter*innen fühlen sich
durch die Einbindung in den Prozess
enorm wertgeschätzt.
Das ist auch New Work.

Kleine Verschiebungen mit großer Wirkung.

New Work heißt nicht Dauerchillen.
New Work heißt nicht Stuhlkreis.

Bei New Work ist es entscheidend, zu wissen,
wofür man es tut
und dass allen das Ziel ganz klar ist.

Als ich im Mai 2020 aufgerufen habe,
den großen Schulhackathon *#wirfürschule*
zum Leben zu erwecken,
haben sich binnen Tagen über 200 ehrenamtliche Helfer*innen
gefunden.

Und diese Helfer*innen waren sich für nichts zu schade.

Sie haben rund um die Uhr gearbeitet.
Es war unfassbar anstrengend,
zum Teil haben die Leute kaum geschlafen,
ihre Familien vernachlässigt
und alles, was sie hatten, in diese Idee eingebracht.

Aber warum haben sie es gemacht?
Weil allen das Ziel klar war – nämlich gemeinsam dafür
zu arbeiten,
die Schule von morgen zu verändern.
Weil alle über *Slack* miteinander verbunden waren,
und jede*r seine Ideen einbringen konnte.
Weil jede*r das Gefühl hatte,
einen wirklichen Unterschied machen zu können.

Ich wurde von etablierten Verbänden und Vereinen gefragt,
wie wir es innerhalb von drei Wochen

geschafft haben, aus dem Nichts
einen bundesweiten Hackathon mit über 6000 Teilnehmer*innen
komplett ehrenamtlich auf die Beine zu stellen.

Die Antwort war einfach:
Weil es den beteiligten Menschen wichtig war.
Weil es sie inspiriert hat.
Weil wir mit viel Leidenschaft und Inspiration vorangegangen sind.
Mit der Konsequenz, dass keiner musste,
aber alle wollten.
Mein Mann nennt das *game time*.
Er hat Anfang des Jahrtausends
in der 2. Bundesliga Basketball gespielt und
vergleicht diesen
Wenn-es-darauf-ankommt-Zustand
mit den entscheidenden Momenten am Ende des Spiels.

Wenn allen klar ist:
Jetzt zählt's!
Jetzt müssen wir alles geben!

Und diese Aufbruchstimmung,
diese Leidenschaft,
dieses Alles-geben brauchen wir im Neuen Land wieder.

Denn egal,
ob es die Reform unseres Bildungssystems,
die Umsetzung der Digitalisierung,
die Transformation des Mittelstands
oder das Erreichen der Klimaschutzziele ist,
die Arbeit an diesen Themen ist
so groß und richtungsweisend,

dass wir sie nicht mit Dienst nach Vorschrift hinbekommen werden.
Und vermutlich auch nicht im vollbesetzten Businessflieger.

Große Aufgaben brauchen Ruhe.
Große Aufgaben brauchen unsere volle Aufmerksamkeit.

Wir brauchen einen klaren Kopf,
um eine klare Richtung zu erkennen.

Deshalb bekommt das Homeoffice im Neuen Land
eine völlig neue Konnotation.

Vor Corona war es
so etwas wie der »Ersatzarbeitsplatz«.
Es war ausnahmsweise erlaubt.
Man ist ins Homeoffice »gegangen«,
wenn »gerade nicht so viel anfiel«.
Oder für Dinge, die man »auch gut von zuhause« erledigen kann.
Die weniger wichtigen Sachen. Das Beiwerk.

Und genau diese Sichtweise ist jetzt anders.

Wenn die Mitarbeiter*innen ins Denken kommen sollen,
auch wenn konzentrierte und absolut wichtige Arbeit nötig ist,
kann es heim an den Schreibtisch gehen.

»Sie bezahlen mich, damit ich denke, nicht damit ich da bin«,
hat mir neulich eine Führungskraft, die ich sehr bewundere,
gesagt.

Und ja, es sind besonders auch die großen Themen,
die man im Homeoffice stemmen kann,

die strategischen Entscheidungen.
Die neuen Gedanken.
Die wichtige Rede.

Wir wollen aber nicht die eine Vorschrift
durch die nächste Vorschrift ablösen.
Homeoffice eignet sich sicher nicht für jede*n.
Aber man sollte die Wahl haben, ob man ins Büro kommt – oder nicht.

Denn der Arbeitsort entscheidet nicht mehr darüber,
ob etwas Arbeit ist.

Sondern das Ergebnis.

Best Work ist das Ziel.
Und den Weg bestimmen wir selbst.

Konkrete Ideen für das Neue Land

▶ **Human Leadership**

Wer führt, geht voran. Klar. Aber man läuft Gefahr, nicht mehr zu sehen, was hinter einem geschieht, wie es den Mitarbeiter*innen geht. Führung muss weg vom autoritären Gehabe, Führung muss transparenter, nachvollziehbarer, empathischer sein. Grundlage für Human Leadership ist Kommunikation, ist der Austausch, nicht nur die Anweisung.

▶ **E-Mail-Adressen für alle**

Das klingt banal, aber wenn mehr kommuniziert werden soll, braucht es Kanäle. In der Coronazeit haben wir gesehen, dass vielen Menschen so etwas Einfaches wie eine E-Mail-Adresse fehlte. Sie waren schlichtweg nicht erreichbar, besonders gravierend, dass eine Vielzahl an Lehrer*innen keine schuleigene E-Mail-Adresse hatte. Das ist nun wirklich nicht schwierig, aber wir müssen dringend die Erreichbarkeit von Kolleg*innen organisieren.

KLIMASCHUTZ IM NEUEN LAND

Das Leitinstrument der Klimapolitik im Neuen Land
ist der CO_2-Preis.

Und der Preis für eine Tonne CO_2
beträgt ab morgen 50 Euro
und steigt bis 2030 auf 130 Euro an. *) **) ***)

*) *Bei globalen Herausforderungen, bei denen es um die Zukunft des Planeten geht, kommen wir im Neuen Land auf den Punkt und entscheiden uns für die wirkungsvollste und nachhaltigste Maßnahme – und setzen diese dann konsequent um. Und hier ist die Sache eindeutig: CO_2 braucht einen höheren Preis. Sonst ändert sich nichts.*

**) *Jetzt wird noch klarer, warum die nGmbH eine bedeutende Rolle im Neuen Land spielen wird. Denn es wird ein Business-Case, CO_2 einzusparen. Eine CO_2-Reduktion ist kein weicher Faktor mehr, um einen guten Eindruck zu machen. Sie ist ein Aushängeschild des Neuen Landes.*

***) *Die Zahlen beruhen auf der Einschätzung des Potsdam-Instituts für Klimafolgenforschung, der Agora Energiewende sowie dem Mercator Research Institute on Global Commons and Climate Change.*

CHANCEN-
GERECHTIGKEIT
IM NEUEN LAND

Solidarität ist ein missbrauchtes Wort.

Solidarität ist auch ein überstrapaziertes Wort.
Es gibt keine Bundestagswahl, bei der das Wort nicht auf Plakaten steht.
Es ist auch ein Links-Rechts-Wort,
dem ein gemeinsames Verständnis fehlt.
Wir definieren nicht wirklich, was wir darunter verstehen.
Wir halten es für etwas Gutes,
aber heute ist es fast gleichbedeutend mit Umverteilung.

In meiner Welt ist es mehr.

Solidarität ist Umverteilung, ganz sicher – aber nicht nur.
Das Neue Land definiert Solidarität neu.

Solidarität heißt eben auch Leistungsbereitschaft.

Für mich ist es solidarisch, Arbeitsplätze zu schaffen.
Es ist solidarisch, sein Leben selbst in die Hand zu nehmen
und nicht nach dem Staat zu rufen, wenn man nicht wirklich Hilfe braucht.

Solidarität darf nicht heißen, das Meiste für sich herauszuholen
– ohne es wirklich zu brauchen.

Solidarisch ist es eben nicht,
sich arbeitslos zu melden, wenn man mit seinem Start-up viel Geld verdient hat und während eines Sabbaticals nicht auf Gehalt verzichten möchte.

Solidarisch ist es auch nicht,
jede Krankenkassenleistung in Anspruch zu nehmen, wenn man gesund ist, nur weil sie einem zusteht.

Es ist unsolidarisch,
sich krankzumelden, wenn man keine Lust hat, aufzustehen, sondern lieber Netflix schauen möchte.

Es ist das Gegenteil von Solidarität,
Coronahilfe für seine Investmentgesellschaft abzurufen, weil man über sie einen Firmenwagen finanziert hat.

Und es ist unsolidarisch,
kein Schulgeld auf der Privatschule zu zahlen, weil man sich aus seiner privaten Holding kein Gehalt auszahlt, sondern von Ausschüttungen lebt.

Für mich ist Solidarität –
nicht immer herausholen, was herauszuholen ist.
Nicht alles für sich zu optimieren.
Denn das ist unsolidarisch.
So wird das Neue Land nicht funktionieren.

Denn: Geld ist endlich.
Wir können nicht weiter so tun, als hätten Schulden keinen Preis.
Wir, die Steuerzahler*innen, sind eine der wichtigsten Einnahmequellen des Staates.
Wenn diese Quelle versiegt,
weil wir weniger konsumieren,
weniger exportieren,
weniger erwirtschaften,
weniger Innovationen hervorbringen,
weniger arbeiten,
nur noch unter Schutzschirmen leben – und darauf bedacht sind,
das Meiste für uns rauszuholen,
dann haben wir alle ein Problem.

Um im Neuen Land Solidarität zu leben,
müssen wir aufhören,
politische Entscheidungen auf Kosten der nächsten Generationen
zu treffen,
dürfen wir keine neuen Steuern ohne Gegenfinanzierung einführen,
müssen wir entbürokratisieren,
müssen die Staatsquote verringern,
die Rentenversicherung auf neue Füße stellen
und in Technologie, Digitalisierung, Innovation und Infrastruktur
investieren.

Und neben diesen eher sachlichen Aspekten der Solidarität
gibt es einen emotionalen Aspekt.
Etwas, das jede*n von uns angeht.
Es geht um den Kern von Solidarität.
Um das:
Weniger an sich selbst, mehr an andere denken.
Weniger Ich, mehr Wir.

Denn, wie gesagt,
Solidarität ist zur Floskel verkommen.
Zur Einladung, sich zu nehmen,
was einem vermeintlich zusteht.

Dennoch glauben wir, wir seien als Gemeinschaft sehr solidarisch,
und glauben,
dass wir uns sehr um Chancengleichheit,
um Chancengerechtigkeit bemühen.

Aber durch Solidarität entsteht keine Chancengleichheit.
Und trotz Solidarität sind wir chancenungerecht.

Nicht allen stehen die Türen gleichermaßen offen.

Du wirst, was deine Eltern sind – das ist die Realität in Deutschland.

Laut einer OECD-Studie aus 2019
sind soziale Durchlässigkeit und Aufstiegschancen
viel schlechter als in anderen Ländern.
In Deutschland dauere es sechs Generationen,
bis sich der*die Nachfahre*in eine*s Niedrigverdieners*in
in die Mittelschicht vorgekämpft habe.
Im OECD-Schnitt sind es viereinhalb Generationen.

Schwer zu glauben, im reichen Deutschland,
mit seiner institutionalisierten Solidarität.
Aber vielleicht ist doch etwas dran.
Vielleicht zeigt es sich in den vermeintlichen Kleinigkeiten.
Den kleinen Ungerechtigkeiten.

Als mein ältester Sohn auf die Welt kam,
musste vor uns der Kreißsaal
zwei Stunden lang einer Sonderreinigung unterzogen werden.
Zuvor war ein Kind auf die Welt gekommen,
dessen Mutter auf Methadonentzug und HIV-positiv war.
Das Baby kam untergewichtig, blau angelaufen,
am ganzen Körper zitternd
auf die Welt.

Drei Stunden später wurde unser Sohn geboren, 4,2 Kilogramm schwer,
rosig und bereit,
kraftvoll ins Leben zu starten.

Selten davor und danach habe ich so hautnah erlebt:
Chancengerechtigkeit fängt bei der Geburt an.
In manchen Fällen sogar schon während der Schwangerschaft.

Denn es liegt auch hierzulande am sozialen Hintergrund,
ob ein Kind eine Chance bekommt,
ob es in Schule und Schulbildung Erfolg hat.
Das ist die traurige Realität.

Obwohl Kinder in ihren ersten Lebensjahren selber noch völlig diskriminierungsfrei sind – sich selbst wie anderen gegenüber.
Eine recht pure Form der Chancengerechtigkeit,
wenn sie nicht in ein sie prägendes, vorbestimmtes Umfeld hineingeboren würden.

Allein, dass in den Coronazeiten
durch die Schließungen von Kindergärten, Schulen und Schulkantinen
vielen Kindern
der Zugang zu regelmäßigen Mahlzeiten verwehrt blieb,
ist eine jener »Ungleichheiten«, die es im Neuen Land
nicht mehr geben darf.
Auch nicht, dass man viele Kinder – und auch deren Eltern –
einfach sich selbst überließ.

Der Gründer der Berliner Arche, Bernd Siggelkow,
hat schon viele Familien in Not erlebt.
Seit 25 Jahren ist die von ihm gegründete Arche ein Zufluchtsort für Kinder.
In der Arche bekommen sie Essen, Zuneigung, Aufmerksamkeit.
Es sind vor allem Kinder alleinerziehender Mütter und Väter,
denen es schlicht an allem fehlt – und die keine Chance haben
und nach Lage der Dinge auch keine erhalten.

Siggelkows bitteres Fazit seiner Arbeit lautet:
»In Finnland werden Kinder wie Könige behandelt, hier sind sie ein unkalkulierbares Armutsrisiko.«

In Deutschland, im reichen Deutschland.

In den Coronatagen hat sich jedoch, zumindest in den ersten Wochen,
eine tiefe Menschlichkeit offenbart,
ein neuer Zusammenhalt.
Das ist lange her, aber es wäre wichtig,
diese Menschlichkeit,
dieses Miteinander, diesen Zusammenhalt in das Neue Land »mitzunehmen«.
Wie viel mehr könnte das Land,
wenn Alt und Jung, Stadt und Land, Arm und Reich
und sich vor allem soziale Schichten wieder mehr annähern würden.
Wenn wir nicht abgegrenzt,
sondern aneinander denken.
Und vor allem auch an die nächsten Generationen.

Wir können es uns schlichtweg nicht mehr erlauben,
Probleme in die Zukunft zu verschieben, statt sie in der Gegenwart zu lösen.

Wir nehmen unseren Kindern damit die Luft zum Atmen.
Wir kippen ihnen die Probleme vor die Füße –
und finden es nervig,
wenn sie die Straßen mit Fridays-for-Future-Demos blockieren.

Stattdessen brauchen wir genau das.
Im Neuen Land brauchen wir eine starke, laute Stimme der jungen Generation. Es sind ihre Chancen, die wir ihnen nehmen –

dann ist es nur gerecht, wenn wir sie mit am Tisch sitzen und
ihre Stimme erheben lassen.
Und »laut« ist eben nicht nervig, aufmüpfig und unbequem.
Es kann dem Neuen Land nichts Besseres passieren
als eine
laute,
veränderungsbereite,
politisch interessierte,
aktive Jugend!

Stärken wir Jugendbeiräte in Unternehmen und Verbänden.
Setzen wir Schüler*innen in die Jurys von großen
Wirtschafts-, Wissenschafts- und politischen Auszeichnungen.
Vielleicht haben sie eine andere Sicht darauf,
wer
Unternehmer*in,
Gründer*in
oder Forscher*in
des Jahres wird.
Oder wer das Bundesverdienstkreuz bekommt.

Es gibt heute schon sehr viele Jugendorganisationen,
die Stiftung Generationengerechtigkeit,
die UNICEF JuniorBotschafter,
die World Youth Association
und viele mehr,
doch sie werden zu wenig gehört.
Sie haben zu wenig Einfluss –
eben weil ihre Zielgruppe nur an der Seitenlinie steht,
weil junge Menschen nicht am Tisch
und in den Parlamenten sitzen.
Und sie auch sonst nicht gefragt werden.

Laut »Spiegel« waren in 70 ausgestrahlten Polittalkshows
seit Beginn der Coronakrise 348 Menschen zu Gast.
Nur 23 von ihnen waren unter 40 Jahre alt.

Und weltweit sind nur zwei Prozent aller Parlamentarier
unter 30 Jahre alt.

Lassen wir die Jugend mitreden.
Lassen wir sie über ihre Zukunft mitentscheiden.
Lassen wir sie so früh wie möglich wählen.

Denn Fakt ist:
Wir sind ein sehr altes Land.
Wir gehören zu den fünf Ländern der Welt mit dem höchsten Durchschnittsalter.

Der Altersdurchschnitt liegt in Deutschland bei 45,7 Jahren.
In Indien sind es 28,4 Jahre.
In Afrika sind 75 Prozent aller Einwohner unter 25 Jahre alt.

Bei uns ist fast ein Viertel der Bevölkerung über 64 Jahre alt.
Und die Babyboomer kommen erst noch.
Wir werden immer älter, dürfen folglich auch immer länger wählen,
und wählen damit automatisch immer mehr Politik für Ältere.
Das ist dann zwar repräsentativ, aber nicht zukunftsgerecht.

Also wäre es nur konsequent, die Jüngeren früher wählen zu lassen.
Damit sie einen längeren Wirkungszeitraum haben.

Im Neuen Land wird also früher gewählt,
nämlich ab 16 Jahren.

Schon heute haben 16-Jährige viele Rechte.
Sie dürfen ihr Testament machen.
Sie können einer Organspende zustimmen.
Sie können unter bestimmten Voraussetzungen einen Führerschein erwerben und an Kommunalwahlen teilnehmen.
Auch das Strafrecht schützt sie nicht mehr so wie Jüngere.
Im Bereich Sport, Schauspiel oder Musik trauen wir der Jugend ohnehin viel zu.
Warum nicht beim Wählen und den großen Fragen?

Deshalb:
Sie sollen mit 16 wählen – damit sie über ihre Zukunft mitbestimmen.
Sie haben ihr ganzes Leben noch vor sich.
Ihre Stimme muss mehr Gewicht bekommen.

Und:
Halten wir es aus,
dass die Jugend anders denkt,
dass sie uns zwingt, Entscheidungen zu hinterfragen,
Trampelpfade zu verlassen?
Sehen wir es als Chance, dass sie uns aus unserer Komfortzone zwingt.

Wir brauchen mehr Diversität bei der Altersverteilung.
Trauen wir der Jugend mehr zu.
Trauen wir uns einen Paradigmenwechsel zu!

Den Begriff »Paradigmenwechsel« hat
übrigens der US-amerikanische Wissenschaftstheoretiker
Thomas S. Kuhn 1962 geprägt.

Kuhn war der Meinung,
dass der Paradigmenwechsel nur von
jungen, kreativen, unbedarften Menschen
angestoßen werden kann.
Von Newcomern.

Aber:
Das, was junge Menschen sagen und fordern,
würde, so Kuhn,
erst 20 oder 30 Jahre später akzeptiert und umgesetzt.
Dann, wenn die Personen alt und erfahren genug seien.

Diese Zeit haben wir heute nicht mehr!
Wir können nicht eine Generation warten,
bis sich etwas bewegt.
Chancengerecht ist auch,
dass eine gute Idee zu jeder Zeit die Chance bekommt, umgesetzt zu werden.

Sie erinnern sich: Vor fast 20 Jahren saß ich in dem Münchner Wirtshaus
und habe beim Bürgerkonvent gesagt,
wie wir dieses Land verändern können
und dass wir es besser können.

Ich glaube, es wird Zeit, dies endlich umzusetzen.

Wir müssen uns jetzt einmischen.

Verlassen wir unseren heimeligen Mikrokosmos.
Denn mit der fehlenden Durchlässigkeit
geht auch ein Mangel
an Überschneidungen zwischen den sozialen Milieus einher.

Man weiß zu wenig voneinander.
Man hat sich auseinandergelebt.
Es gibt die Blasen,
die Gated Communities in Stein und im Kopf,
es gibt die Wohlstandsghettos und die prekären Ghettos.

Und jede einzelne Community zieht ihre eigenen engen Grenzen.
Doch diese Grenzziehungen sind brisant,
sie können hochexplosiv werden.
Deshalb gilt es, diese Grenzen im
Neuen Land zu überwinden.

Weil wir es können.

In der Lockdown-Zeit stellten wir plötzlich fest,
wer neben uns wohnt und was diesen Menschen bewegt.
Und man kann nicht sagen,
dass uns diese Einsicht geschadet hätte.

Deshalb bin ich dafür,
dieses Miteinander,
diesen Austausch im Neuen Land beizubehalten.

Wir müssen wieder mehr voneinander wissen.
Mehr vom anderen erleben.
Das baut nicht nur Ängste ab,
das baut vor allem auch Vorurteile ab.

Meist geht es um Vertrauen,
gerade wenn es um Gerechtigkeit geht.
Um das Vertrauen in andere und
das Vertrauen in uns selbst,

Beides erlangen wir,
wenn es gelingt, Situationen zu meistern,
die Mut und Überwindung kosten,
die wir zunächst für schwer zu bewältigen hielten
und sie dann doch angegangen sind.
Es reichen kleine Sprünge über den eigenen Schatten.
Wenn wir uns selbst mit Situationen konfrontieren,
die uns zunächst überfordern.

Jeden Samstag für den alleinstehenden älteren Nachbarn mitkochen,
zum Beispiel,
oder einen Nachmittag pro Woche zum Smartphonekurs ins Senior*innenheim,
oder der alleinerziehenden Mutter Homeschooling-Hilfe für ihr Kind anbieten
oder am Wochenende ehrenamtlich als Trainer*in mit Jugendlichen Basketball spielen – oder mit Mädchen Fußball.

Einfach etwas machen,
in dem es nicht um unser »Fortkommen«,
nicht um »Karriere« oder »Wohlstand« geht,
sondern bei dem wir anderen Menschen im Alltag helfen und sie unterstützen,
bei dem wir andere und
vor allem uns selbst besser kennenlernen.

Ja, der Begriff »Alltagshelden« ist ein bisschen überstrapaziert.

Und viele, die in der Krise als »Alltagsheld« bezeichnet wurden,
sind wieder in Vergessenheit geraten.
Und doch glaube ich:
Wir können den »Alltagshelden« in uns erwecken.

Nennen wir uns doch »Mitmenschen«,
um klar zu machen, dass unser Einbringen
etwas Selbstverständliches werden muss.
Denn das schafft ein neues Verständnis vom anderen.
Und es schafft für alle neue Möglichkeiten.

Wie auch die Gestaltung neuer Lebensumgebungen.
Wir brauchen nicht nur Mehrgenerationenhäuser,
wir brauchen Mehrgenerationenviertel.
Stadtviertel mit Menschen vieler Herkünfte,
mit Menschen aller Generationen.

Im Neuen Land herrscht eine neue Offenheit,
und die beginnt bei der Stadtplanung.

Im saarländischen Heusweiler entsteht
derzeit ein interessanter Gebäudekomplex:
In naher Zukunft wird es sowohl
ein Senior*innenheim mit 80 Betten
als auch eine Kita mit 122 Plätzen
unter einem Dach geben.
Und im Hamburger Stadtviertel St. Georg
ist ausgehend von einem Senior*innenheim
das Hartwig-Hesse-Quartier entstanden –
ein Quartier, das von Anfang an integrativ gedacht wurde,
in dem ältere und jüngere Menschen zusammenleben.

Das sind Ansätze, wie ich sie meine.
Weil wir städteplanerisch längst an Grenzen geraten,
weil wir gerade in Städten ein zunehmendes Problem mit
Einsamkeit haben
und weil es für Menschen lebenswichtig ist,

auch im Alter gebraucht zu werden,
werden im Neuen Land neue Mehrgenerationenviertel,
sogenannte Co-Generationenviertel, entstehen.

In den Co-Generationenvierteln
wird es Gebäudekomplexe mit unterschiedlich großen
Wohneinheiten geben.
Nicht zu groß, nicht zu klein, je nach Lebenssituation.
Eine Familie braucht mehr Platz.
Wenn die Kinder aus dem Haus sind, reichen weniger Zimmer.
Es wird zusätzliche Räume geben,
Gemeinschaftsräume, Sportflächen,
aber natürlich auch Co-Working-Möglichkeiten.

Bei einem wachsenden Trend zum Homeoffice
kann jede*r bei Bedarf den Co-Working-Space nutzen.

Die neuen Co-Generationenviertel sind perfekt
an den öffentlichen Nahverkehr angebunden.
Man nutzt gemeinsam einen Fuhrpark, teilt sich Autos und Mobilität,
es gibt Kindertagesstätten, Spielplätze, Arztpraxen.

Der Kern des generationenübergreifenden Co-Livings
ist jedoch immer das Miteinander:
Denn immer mehr Menschen bleiben für sich allein.
Über 200000 Senior*innen sprechen heute seltener
als einmal pro Monat mit Familie oder Freunden.
Die Vereinsamung greift um sich.
Und das ist gefährlich, lebensgefährlich.

Nach einer Erhebung der US-amerikanischen Psychologieprofessorin
Julianne Holt-Lunstad, die seit zehn Jahren zu Einsamkeit forscht,

erhöht dauerhafte Einsamkeit
das Sterberisiko um 26 Prozent.
Bei Menschen, die alleine leben, sind es sogar 32 Prozent.

In Co-Generationenvierteln mischen sich die Generationen.
Es ist ein Geben und Nehmen.
Die Jüngeren gehen für die Älteren einkaufen,
die Älteren bieten Hausaufgaben- oder Kinderbetreuung an,
vielleicht auch Nachhilfe und berufliche Beratung.
Auf jeden Fall werden die Älteren »gebraucht«.
Am Wochenende isst man zusammen
oder kocht für den*die Nachbar*in mit.

Um möglichst viele Co-Generationenviertel umzusetzen,
um ein tatsächliches Co-Living entstehen zu lassen,
das sowohl komfortables Wohnen als auch
das gemeinschaftliche Arbeiten
und ein auf Austausch und Gegenseitigkeit basierendes Leben
ermöglicht,
werden wir bestehende Viertel umbauen –
und nicht einfach nur Freiflächen bebauen,
nicht einfach die nächsten Reihenhaussiedlungen hochziehen,
in denen jeweils eine Generation unter sich bleibt
und langsam älter wird.

Stadtplanerisch und architektonisch besteht die Herausforderung,
eine sowohl altersmäßige
als auch einkommensmäßige Durchmischung zu schaffen.

Sicher ist:
Die Älteren werden von der Anwesenheit der Kinder profitieren.
Und die Kinder profitieren davon,

dass es Menschen gibt,
die Zeit haben,
die ihnen ungeteilte Aufmerksamkeit schenken.

Aber nicht nur physische Nähe baut Brücken zwischen den Generationen,
auch geistige Nähe kann beflügeln.
Es gibt immer mehr Vereinigungen von Senior*innen,
die nicht in den Ruhestand gehen,
sondern jungen Gründer*innen ihr Know-how und ihre Erfahrung zur Verfügung stellen wollen.

Wir brauchen mehr dieser Projekte.
Noch mutiger, noch übergreifender.
Über Generationen und Milieus hinweg.

Das öffnet die Tür zu neuen Sichtweisen,
zu neuen Überzeugungen.
Es bestünde wechselseitiger Austausch,
von dem alle etwas haben und
der für alle befruchtend ist.

Denn das ist das Fundament moderner Chancengerechtigkeit.
Dass nicht nur hockeyspielende Kinder aus den »guten« Bezirken
gefördert werden,
sondern,
dass auch alle anderen
wahr- und vor allem ernstgenommen werden.
Dass man sie überhaupt »sieht«!

Denn Herkunft ist Zufall. Sicher.

Doch der Weg im Leben darf nicht schon vom Tag der Geburt an vorgezeichnet sein.
Talente wachsen nicht nur in Akademikerhaushalten auf.

Meine beste Freundin Suzana ist das beste Beispiel.
Ihre Eltern kamen fünf Jahre vor ihrer Geburt
als kroatische Einwanderer nach Deutschland.

Sie bauten sich ihre Existenz mit viel Arbeit auf.
Ihre Mutter als Altenpflegerin, ihr Vater als Handwerker.
Während der Großteil von Suzanas Mitschüler*innen
bereits mit vier Jahren Skifahren gelernt hatte,
Anfang der 5. Klasse bereits fließend Englisch sprach
und als junge Teenager mit ihren Eltern beim Frühstück über Wirtschaft, Politik und das Weltgeschehen diskutierten,
war Suzana noch nie in den Bergen,
noch nie im Ausland gewesen,
hatte noch nie in einem Flugzeug gesessen
– und keinerlei Einblicke in Politik oder Wirtschaft bekommen.
Und auch kein Praktikum bei den Freunden ihrer Eltern gemacht.

Als ich sie mit 30 Jahren kennenlernte,
war sie Chefeinkäuferin bei C&A
und verantwortlich für mehr als 350 Millionen Euro Umsatz
und Zulieferer aus der ganzen Welt.
Sie strahlte eine
große Selbstsicherheit,
Natürlichkeit und Weltbürgerlichkeit aus und
ist einer dieser seltenen Menschen,
die mit ihrer Ausstrahlung einen ganzen Raum für sich einnehmen können.

Sie musste immer mehr leisten,
immer mehr kämpfen,
sich immer mehr anstrengen als andere.

Und hat sich trotzdem eine Herzlichkeit, Leichtigkeit und positive Stärke bewahrt, von der sich viele eine Scheibe abschneiden können.
Ich tue das jedes Mal, wenn wir uns sehen.

Im Neuen Land zählt also,
was eine oder einer kann und will.
Und nicht, welche Hautfarbe oder Herkunft er oder sie haben,
und auch nicht,
ob der Nachname westfälisch oder schwäbisch klingt.

Aber,
ob jemand Programmierer*in werden kann,
hat sehr viel damit zu tun,
ob sie oder er Zugang zu einem Laptop hat und ins Internet kann.

Und wer später einen Kredit bei der Bank bekommt,
weil er oder sie ein Unternehmen gründen möchte,
darf auch nicht davon abhängen
wer der Vater ist, was die Mutter macht.

Anders als vor wenigen Jahrzehnten,
als es noch maßgeblich vom Elternhaus abhing,
ob die Bank einem einen Kredit gibt,
führt Venture Capital heute zu
einer Demokratisierung von Unternehmensgründungen
und damit hoffentlich zu mehr Wohlstand.
Risikokapitalgeber*innen schauen nicht darauf,
was die Eltern des*der Gründers*in machen,

wie viel Vermögen die Familie hat,
welche Bonität die Bank sieht.

Sie schauen auf das Team,
die Qualität der Idee,
die Größe des potenziellen Marktes
und die Wachstumschancen.
Venture Capital ist es egal, wer deine Eltern sind.

Damit viel mehr Menschen von dieser Entwicklung profitieren können
halte ich es für entscheidend,
auch im Sinne der Chancengerechtigkeit,
eine neue Gründergeneration auszubilden.
Um Arbeitsplätze zu schaffen,
um Innovationen voranzubringen,
um soziale Durchlässigkeit zu erhöhen,
um ein Neues Land zu schaffen.

Dazu brauchen wir mehr Unternehmertum-Unterricht in der Schule.
Mehr qualifizierten Wirtschaftsunterricht.
Schüler*innen sollen wirtschaftliche Zusammenhänge lernen und verstehen.
Sie sollen lernen, wie man Geld verdient,
verstehen, wie man es anlegt.
Sie sollen lernen,
was Steuern sind,
was der Unterschied zwischen Brutto und Netto ist.
Und was Umsatz und Gewinn sind.
Das hat alles nichts mit Kapitalismus in der Schule,
nichts mit Kommerzialisierung der Bildung zu tun.

Das ist Chancengerechtigkeit.

Die Initiative Rock it biz richtet sich beispielsweise
ganz gezielt an Schüler*innen von der 6. bis zur 9. Klasse,
mit unterschiedlichem sozialem Hintergrund.
Sie lernen dort alles
über das Unternehmertum,
können das Wissen auch praktisch anwenden.

Beeindruckend auch das Teach-First-Programm,
das der Entwicklung entgegenwirkt,
dass schulischer Erfolg mit der Herkunft verknüpft ist.
Die Teach-First-Fellows unterstützen in mittlerweile acht Bundesländern
Schüler*innen in Schulfächern,
geben Selbstvertrauen durch gemeinsame Projekte
und helfen, Pläne für die berufliche Zukunft zu schmieden.

Auch der Businessplan-Wettbewerb JUGEND GRÜNDET
fördert unternehmerisches Engagement.

Damit eben nicht nur Kinder aus Unternehmerhaushalten
Arbeitgeber*innen werden.
Sondern alle die Chance bekommen,
Ideen in die Tat umzusetzen
und ihr Leben selbst in die Hand zu nehmen.

Mir ist bewusst geworden:
Es reicht nicht mehr, Missstände aufzuzeigen.
Wir müssen aufstehen und aktiv etwas dagegen tun.
Eine schwarze Kachel auf Social Media reicht nicht für *#blacklivesmatter*.
Wir müssen Rassismus aktiv bekämpfen.

Bleiben wir nicht tatenlos, wenn junge Flüchtlinge sich schwertun,
am Arbeitsmarkt Fuß zu fassen.

Gründen wir großartige Initiativen wie die ReDI School of Digital Integration!
Denn nichts als Arbeit erhofften sich die Menschen, mit denen die Gründerin Anne Kjær Bathel im Herbst 2015 in Flüchtlingsunterkünften sprach,
sehnlicher für ihr Leben in Deutschland.
Heute lernen über 1600 Studierende pro Jahr an der ReDI School in Berlin, München, Duisburg, Düsseldorf, Essen und Kopenhagen
Python, Java, IOT und User Interface Design.
Geflüchtete, Menschen mit Migrationshintergründen
und bedürftige Deutsche drücken zusammen die Schulbank.

Helfen wir tollen Projekten, wie HEY, ALTER!,
die unsere alten Digitalgeräte an Kinder ohne Gerät verteilen.

Unterstützen wir Non-Profit-Projekte, wie brotZeit,
die an über 300 Schulen in Deutschland Frühstück für Kinder anbieten.
Da sind es übrigens Senior*innen, die Schüler*innen
morgens mit einem Frühstück versorgen,
weil diese sonst ohne Frühstück und Schulbrot in den Tag starten würden.

Oder machen wir mit bei den Lesepaten,
dem größten Berliner Ehrenamtsprojekt im Bildungsbereich.
Jede Woche gehen über 2400 Lesepatinnen und Lesepaten
mehrere Stunden in Berliner Schulen und Kitas –
und lesen vor.
Das stärkt die individuelle Lese- und Lernkompetenz der Kinder.

Also:
Geben wir dem Zusammenhalt im Neuen Land
einen höheren Stellenwert.

Motivieren wir uns gegenseitig
zu noch mehr Ehrenamt,
zu Nachbarschaftshilfe,
brechen wir unsere Silos auf,
muten wir uns mehr Interaktion zu –
nicht nur auf Social Media, sondern auch im echten Leben.
Und setzen wir auf Bildung,
besonders auch auf politische Willensbildung.
Allein schon,
um das Argument zu entkräften,
16-Jährige seien noch nicht in der Lage, zu wählen.

Denken wir nicht nur an uns.
Und denken wir nicht, wir könnten es nicht ändern.
Johannes Rau hat gesagt:
»Wir sollten unseren Kindern nicht vorgaukeln, die Welt sei heil.
Aber wir sollten in ihnen die Zuversicht wecken,
dass die Welt nicht unheilbar ist.«

Konkrete Ideen für das Neue Land

▶ Wählen ab 16

Das Wahlalter auf 16 abzusenken, ist ein Signal, dass Politik nicht nur für Ältere gemacht wird, es bringt die Politik überdies dazu, sich viel mehr mit jungen Menschen, mit deren Interessen und Bedürfnissen zu beschäftigen. Oder einfach: sie ernst zu nehmen. Das würde auch dazu führen, dass sie von der Wirtschaft und Wissenschaft mehr gehört und in Gremien berufen würden.

▶ Co-Generationenviertel

Leben ist Austausch. Und um den Austausch zwischen den Generationen zu organisieren, müssen wir stadtplanerisch neu denken. Die Ideen von Co-Working und Co-Living werden nun zusammengeführt, nicht nur für eine urbane Elite, sondern für Menschen aller Generationen und Herkünfte. In neuen Co-Generationenvierteln können Ältere sich einbringen, am Leben teilhaben. Gewohnt wird flexibel, je nach Lebens- und Arbeitssituation, starre Abgrenzungen gehören der Vergangenheit an.

DIGITALISIERUNG UND INNOVATION IM NEUEN LAND

Das wäre jetzt einfach.

Wenn es um Digitalisierung und Innovation geht,
könnte ich darüber sprechen,
wie sehr wir hinterherhinken,
wie wir sehenden Auges den Anschluss verpassen,
wie die Coronakrise unseren digitalen Notstand
und in gewisser Weise
auch unsere Innovationsfeindlichkeit demaskiert hat.

Ich könnte über Schumpeter sprechen,
Joseph Schumpeter,
und wie er von der Kraft der schöpferischen Zerstörung gesprochen hat,
was heute Disruption heißt,
und über Schumpeters »Freude am Gestalten«,
und welche dynamische Entwicklung sich ergibt,
wenn man das Alte hinter sich lässt.

Ich könnte auch über die Agentur für Sprunginnovation sprechen,
über dieses wunderbare Wort »Sprunginnovation«,
und warum ich da immer ans 10-Meter-Brett oder an 7-Meilen-Stiefel denke.
Und warum diese Agentur
ein Moonshot-Labor
analog zu GoogleX werden könnte,
und dass wir mit ihr die Innovationen der nächsten hundert Jahre entwickeln können,
statt von den Innovationen von vor hundert Jahren zu leben.
Dass wir diese Agentur aber von der Leine lassen müssen,
dass wir die Beihilfe für Innovationen und Forschung,
also das sogenannte Beihilferecht auf europäischer Ebene,
reformieren müssen

und den Aufsichtsrat nicht nur mit Politiker*innen besetzen sollten –
wenn wir die wirklich großen Sprünge
im Neuen Land machen wollen.

Eigentlich müsste ich auch erwähnen,
was viele Vordenker*innen mir geraten haben:
Sprich über neue Technologien,
über Hyperloops,
über Flugtaxis,
über Quantum Computing,
über autonomes Fahren,
über Künstliche Intelligenz.

Und natürlich über Gaia-X,
die hoffentlich nicht mehr ferne Galaxie,
die beweisen soll,
dass Leben in der Cloud auch für uns Europäer
möglich und lebenswert sein darf.

Ich könnte auch erwähnen,
dass wir irgendwann in Deutschland beschlossen haben,
im Jahr 2020 eine Million Elektroautos auf den Straßen
zu haben –
es aber tatsächlich nur rund 140 000 geworden sind.

Ich könnte davon reden,
dass Tesla der deutschen Automobilindustrie davonfährt,
dass die Marktkapitalisierung von Tesla
höher als die von BMW, Daimler und VW zusammen ist.
Und dass Tesla inzwischen eine
neue Batterietechnologie enthüllt hat,
von der wir nur träumen können.

Ich könnte auch mahnen, von wegen:
Achtet überhaupt noch jemand darauf,
dass der NASDAQ,
der wichtigste Leitwert für die Digitalisierung,
Mitte Juni 2020 – also mitten in der Pandemie –
bei 10 000 Punkten lag,
was einer 2000-prozentigen Steigerung in den vergangenen fünf Jahren entspricht?

Nehmen wir überhaupt zur Kenntnis,
dass GAFAM,
also die Unternehmen Google, Apple, Facebook, Amazon und Microsoft,
allesamt ihren Gewinn im ersten Quartal des Kalenderjahres 2020
– trotz geschlossener Läden ab Februar –
gegenüber des Vorjahrs einstellten oder sogar übertrafen?
Und dass im gleichen Zeitraum
die Gewinne der größten Unternehmen Europas fast komplett erodierten:
Gegenüber dem Vorjahr sanken sie um 87 Prozent auf
nur noch elf Milliarden Euro –
verteilt auf knapp 300 der 500 größten Unternehmen.
Fast so viel Gewinn,
genau 11,25 Milliarden Dollar, umgerechnet rund zehn Milliarden Euro,
schaffte Apple allein im ersten Quartal 2020.

Interessiert sich jemand dafür,
dass wir in Deutschland verhältnismäßig wenig »Einhörner« haben?
Also Start-ups,
deren Bewertung bei über einer Milliarde Euro liegt.

Kennen Sie überhaupt mehr als drei heimische Einhörner?
TeamViewer? Celonis? Omio? GetYourGuide?
Schon mal gehört?

Weltweit gibt es mehr als 600 Einhörner,
die meisten in den USA
und in China.
Allein in Nordamerika beläuft sich der Börsenwert der
Fabelwesen
auf derzeit 857 Milliarden US-Dollar.
In Europa,
wohlgemerkt: in ganz Europa,
lag der Wert Anfang 2020 bei 125 Milliarden US-Dollar.

Ach,
ich könnte Kaifu Lee zitieren.
Kaifu Lee ist einer der weltweit erfolgreichsten KI-Unternehmer und
Investoren – und er sagt,
dass es beim weltweiten Rennen
um die Vorherrschaft bei der Künstlichen Intelligenz
nur zwei Medaillen gibt:

Gold und Silber!
Und beide seien schon vergeben:

An die USA und China.

Ich könnte darüber sprechen,
dass wir es nicht schaffen,
ausreichend neue große Unternehmen zu gründen,
weil wir das Thema nicht an den Schulen und Unis beibringen.
Weil wir glauben,
das regle sich alles von allein,
weil wir lieber ein Heer von Beamt*innen ausbilden.

Ich könnte bemängeln,
dass wir keine funktionierenden Beteiligungsprogramme für Mitarbeiter*innen haben und uns auch deshalb so schwer tun,
echte Top-Talente in unsere Start-ups zu holen.
Und dass der Vorschlag *#ESOPasap* des Bundesverbandes Deutscher Startups,
denen es um bessere Möglichkeiten zur Mitarbeiter*innenbeteiligung geht,
dringend Gehör finden und vor allem
umgesetzt werden muss.

Oder: Haben Sie gewusst,
wie viel unternehmerische Kraft wir jedes Jahr ins Ausland verlieren?
Das Brain folgt dem Geld.
Und wenn es zum Großteil außereuropäisches Geld ist,
wandert das Brain außereuropäisch ab.

Eine Studie der Technischen Universität München (TUM) besagt,
dass 22 Prozent der Gründer*innen
ein Jahr nach dem Verkauf an einen
ausländischen Investor ins Ausland abwandern.
Zusammen mit ihrem Unternehmen und ihrer Technologie.

Ich könnte bedauern,
dass das Deutsche Zentrum für Künstliche Intelligenz
beim Thema Bilderkennungsalgorithmen sehr weit vorne war,
dann aber leider das trainierte Modell ausgerechnet an
Google verkauft hat.
Bye, image search.

Natürlich könnte ich davon sprechen,
was inzwischen jede*r weiß:
Dass Daten der Rohstoff des 21. Jahrhunderts sind.

Und dass unser Problem ist:
Wir exportieren unsere Daten wie die Weltmeister!
Wir haben uns selbst zum reinen Datenlieferanten degradiert.
Wir lassen andere neue Produkte mit unseren Daten erschaffen.
Aber die Veredlung findet nicht mehr bei uns statt.

Wir haben einen Heidenrespekt vor Daten,
hängen aber der Illusion nach,
sie irgendwie schützen zu müssen.
Aus lauter Angst vor dem Missbrauch
nutzen wir die Daten nicht,
sondern schauen zu,
wie andere mit unseren Daten Geschäfte machen,
richtig gute Geschäfte.
Auf unsere Kosten.
Aber ohne uns am Gewinn zu beteiligen.

Dringend müsste ich noch erwähnen,
dass wir das, was wirklich Zukunft ist, immer noch behandeln,
als sei es eine verrückte Idee,
die sich erst mal bewähren müsse.
Dass wir quer durch die Politik,
quer durch Ministerien,
quer durch Behörden und Ämter
endlich anfangen müssen, Menschen
für das Digitalisierungszeitalter auszubilden.

Oder um es mit den Worten von Miriam Meckel,
der Gründerin der Bildungsplattform ada
zu sagen:
»Das Land der Dichter*innen und Denker*innen braucht
auch und vor allem Zukunftslenker*innen.«

Und, ich könnte anmerken,
dass wir natürlich auch ein Digitalministerium brauchen,
aber nicht einfach einen neuen Klotz am Humboldthafen,
sondern ein agiles Umsetzungsministerium,
ein Innovationsministerium mit völlig neuer Ausrichtung.

Aus meiner Sicht ist es sogar sehr wahrscheinlich, um nicht zu sagen zwingend notwendig,
dass es nach der nächsten Wahl ein Digitalministerium geben wird –
auch wenn das jetzt noch die wenigsten thematisieren möchten.
Weil man den bestehenden Ministerien dann etwas
wegnehmen würde.

Auf jeden Fall können wir uns überhaupt nicht mehr erlauben,
kein Innovationsministerium,
kein Digitalministerium zu haben!

Und halten wir es eigentlich für
unveränderbar,
dass der Weg von der Forschung in die Praxis
immer noch so unendlich lang ist?

Über all das müsste man sprechen,
wenn es um den digitalen Wandel,
um Innovationen geht.
Aber ehrlich gesagt,
darüber haben wir doch schon tausendmal
gesprochen,
das ist doch irgendwie ständig das Thema,
jeden Tag,
überall,

kaum jemand, der das nicht bestätigen würde.
Kaum jemand, der jetzt nicht nickt.

Wir wissen Bescheid.

Auf dem jährlichen Digitalgipfel sprechen wir davon,
welches Potenzial Künstliche Intelligenz hat,
und dass wir da »viel mehr« machen müssten.
Und dann fahren wir nach Hause
und verlieren uns im Tagesgeschäft.

Wir haben wirklich kein Erkenntnisproblem,
wir haben ein Umsetzungsproblem.

Wir reden so,
machen es aber anders.
Oder gar nicht.

Was bleibt mir folglich zu diesem Thema zu sagen?
Ganz ehrlich:
Ich verstehe nicht, worauf wir warten!
Es ist mir nicht im Geringsten klar, warum wir so passiv sind.

Was denken wir denn?

Dass die Zukunft doch nicht kommt?

Wollen wir später unseren Kindern sagen:
Nun, höre gut zu, mein Kind,
wir wussten schon sehr genau,
was zu tun war,

aber wir haben es nicht getan.
Wir konnten nicht.
Es hat sich nicht ergeben.
Wir hatten Angst, etwas falsch zu machen.
Selbst als eine Viruskrise alles auf den Kopf gestellt hat,
haben wir gedacht,
die Lösung liege ganz sicher in der Vergangenheit.

Wollen wir dieses Gespräch wirklich führen müssen?

Oder anders gefragt:
Was wollen wir unseren Kindern hinterlassen?

Schöne Erinnerungen an die 1980er-Jahre?
Fotos von Bremerhaven, wo »Millionen Autos umgeschlagen« wurden?
Schöne Erzählungen vom
»Exportweltmeister«
und von der
»Apotheke der Welt«?
Es geht doch nicht darum,
hier etwas sicher zu Ende zu bringen.
Und jedes Risiko weiträumig zu umfahren.

Wollen wir uns wirklich so mutlos durch den Tag schleppen?

Es ist echt zum Verzweifeln:
Wir verehren die vergangenen Tage, was ja nicht grundsätzlich verkehrt ist,
aber wenn wir Zukunft sagen, meinen wir:
die Rentenversicherung.

Lasst uns dieser Zufriedenheit die Stirn bieten.
Was vor uns liegt, ist von Bedeutung.
Was kommt, da wollen wir hin.

Wie viele Innovationskongresse wollen wir noch veranstalten?
Wie viele Digitalkonferenzen noch mit unserer Anwesenheit beglücken?
Und wie viele Keynotes mit dem Thema »Die Zukunft ist digital«
noch halten?

Wann endlich wollen wir ins Machen kommen?

Was uns dazu fehlt,
ist sicher auch der Wille, uns zu hinterfragen.
Der Wille, uns neu aufzustellen, uns zu verändern.

Wir ruhen uns lieber auf unseren Lorbeeren aus.
Wir sind selbstgerecht.
Verwöhnt.
Lethargisch.
Die privaten Schatullen sind prall gefüllt.
Und wir denken vor allem:
an uns selbst.

Wir leisten uns tatsächlich einen
unglaublichen Turboindividualismus.
Nur noch das individuelle Interesse hat Relevanz,
nicht aber das gesellschaftliche Fortkommen.

Es ist ein reines *Ich-first-Denken.*

Tim Höttges, den Telekom-CEO, frustriert schon lange
dieses Um-sich-selbst-Kreisen,

er sieht inzwischen die halbe Welt an Deutschland vorbeiziehen.
Höttges sagte in Gabor Steingarts »Morning Briefing«,
dass wir in technologischer Hinsicht
nicht nur die erste Halbzeit verloren haben,
sondern dabei sind,
auch die zweite zu verlieren.

Deutschland steigt ab.
Und es scheint uns egal.
Wir denken an uns, wie schön alles ist,
wir entschleunigen,
während sich die Welt beschleunigt.

Das Gemeinwohl haben wir dabei aus den Augen verloren.
Das sieht man besonders deutlich an der Infrastruktur.

Nur noch knapp über zwei Prozent des Staatshaushaltes geht in die Infrastruktur.
Und während sie zerfällt,
ist keiner bereit,
irgendetwas aufzugeben.
Windräder, Energietrassen, Bahnschienen, Autobahnen, Mobilfunkantennen –
alles schön und gut,
aber bitte nicht vor meiner Haustür!

Wie das alles bremst!
Wie das alles lähmt!

Wir müssen wieder viel mehr das Gemeinwohl der nächsten Generation
im Blick behalten.
Wer denkt daran?

Wer spricht es aus?
Wer denkt über die nächsten Monate hinaus?
Die Frage ist: Wie schaffen wir die Voraussetzung dafür,
dass unsere Kinder den gleichen Wohlstand haben wie wir?
Das schaffen wir nur mit Innovation.
Und die ist in Zukunft eng verbunden mit Digitalisierung –
mit Daten und digitaler Infrastruktur!

Das kann doch nicht so schwer sein?
Was hindert uns daran,
mutig zu sein?
Warum immer der Blick nach hinten?
Vor uns breitet sich ein Neues Land aus.
Warum sollten wir da stehen bleiben?
Vor uns liegt ein Land, das wir gestalten können.
Warum sollten wir da nur zuschauen?

Vor uns liegt ein Ozean der Möglichkeiten,
und wir schippern am Ufer entlang,
weil wir nicht sicher sind,
wie das Wetter wird und
weil es uns Angst macht, nicht zu wissen, wohin uns die Reise führt.

Warum so mutlos?
Warum diese panische Angst davor,
Fehler zu machen?

Damit stehen wir uns nur selbst im Weg.

Wenn Menschen Angst haben,
Fehler zu machen,
weil Fehler bestraft werden,

weil Perfektionismus das Maß aller Dinge ist,
werden sie nicht mutig sein,
es nicht wagen, ein neues Spielfeld zu betreten,
auf dem sie sich noch nicht auskennen.
Solange in Unternehmen »eskaliert« wird.
Solange »der Schuldige gesucht wird« und
mit dem Finger auf andere gezeigt wird,
weil Fehler nicht toleriert werden,
kann auch nichts Neues entstehen.

Wir sind perfekt darin, andere zu analysieren,
Kritik zu üben, das Haar in der Suppe zu finden.
Fundiert und bis in die feinsten Verästelungen hinein
können wir erklären,
warum der oder die andere
einen Fehler gemacht hat,
und was er oder sie hätten besser machen sollen.
Und diese Kritik ist Teil des Problems.
Sie ist Ausdruck unseres permanenten Perfektionsstrebens.

Wenn wir nicht bis ins letzte Detail hinein durchdacht haben,
wohin etwas führt,
fangen wir lieber erst gar nicht an.

Das ist das Drama unserer eigentlich
so bewundernswerten Ingenieursseele:
Dass wir die Dinge, die wir kennen, perfekt machen.
Und zwar nur die.

Die Dinge, die wir nicht kennen,
machen wir nicht.
Weil wir Fehler machen könnten.

Lieber nichts machen, als das Falsche machen.
Lieber nicht gründen, als insolvent gehen.

Wir bauen die Produkte von gestern in Perfektion,
wir rackern uns ab,
damit ein Dichtungsring oder ein Ventil
eine zusätzliche Steigerung von 0,6 Prozent erfährt.
Wir machen alles, was wir kennen,
noch besser und noch effizienter.

Aber wir lassen liegen, was noch unklar ist,
bei dem uns keiner »hundertprozentig« sagen kann,
ob sich das überhaupt durchsetzt.

Aus Furcht, einen ersten ungewohnten Schritt zu gehen,
versäumen wir,
etwas Großes zu erschaffen.

Werner von Siemens
hat damals im 19. Jahrhundert in Berlin
nicht daran gedacht,
einen Weltkonzern auf die Beine zu stellen.

Er stand mit dem Rücken zur Wand,
war vom preußischen Staat entlassen worden
und musste seine Familie ernähren.
Er hat sich zwangsläufig selbständig gemacht,
hat Dinge ausprobiert,
ist gescheitert,
hat wieder etwas ausprobiert,
ist wieder gescheitert,
und irgendwann hatte er Ideen,

die nicht nur sein Unternehmen weitergebracht,
sondern die Gesellschaft auf eine neue Stufe katapultiert
und die die Modernisierung der Welt vorangetrieben haben.

Innovation entsteht durch Machen und Ausprobieren.

Lasst uns einfach vor die Türe gehen.
Machen wir die Augen auf:
Was fehlt?
Was stört?
Was könnte besser sein?

Und machen wir das jetzt!
Jede, jeder, alle, jetzt!
Fragen wir doch nicht immer als erstes,
was jemand studiert hat,
ob er promoviert hat,
wer Expert*in ist,
bevor wir jemandem zutrauen, ein Problem zu lösen
oder einen mutigen Vorschlag zu machen.

Lassen wir ihn oder sie doch einfach mal machen.
Hören wir auf, das gelebte Leben zu verehren.
Was wir brauchen, ist die Lust und Neugier auf das zukünftige Leben.

Schon 2011 habe ich in meinem TED Talk
von dem Frosch gesprochen,
der im Kochtopf sitzt,
nicht merkt, dass es immer heißer wird
und das Wasser bald kocht.

Seine einzige Chance wäre,
aus dem Topf zu springen, solange er noch beweglich ist.

Schon damals habe ich gesagt:
Wir müssen jetzt springen, auch wenn es noch so kuschelig ist.
Raus aus der Komfortzone, runter vom Sofa.
Jetzt gilt es, mutig zu sein.

Mutig sein heißt auch, Mut zur Lücke zu haben.
Mutig sein heißt auch, zu akzeptieren,
dass wir nicht alles wissen können, bevor wir springen.
Wir müssen uns,
wie es der ehemalige Verfassungsrichter Udo di Fabio formuliert hat,
wir müssen uns trauen,
»in Zukunftstechnologien zu investieren – ohne alle Antworten vorher zu haben«.

Eine Kultur des Muts übersetzt sich auch in Sprache
– und uns fehlen Wörter für diese Kultur.
Eine Entsprechung für das Wort »Empowerment«
gibt es im Deutschen nicht.
»Befähigen« klingt schon wieder nach Anleitung,
nicht nach Flügel verleihen.

Wir haben auch keine »challenges«,
die etwas sehr Aktives, Inspirierendes signalisieren,
wir stehen etwas ernüchtert vor
»Herausforderungen«.

Und nicht nur die Sprache ist bisweilen schlecht gelaunt,
auch wir verbringen so viel Zeit mit Meckern.

Und ich laufe gerade Gefahr, es hier genauso zu machen.

Also hören wir jetzt auf damit!
Lasst uns mehr Mutanfälle und Mutausbrüche haben!

Lasst uns Unternehmertum und Innovation an den Schulen unterrichten.
Lasst uns die Lust am Gestalten wecken.
Neue Technologie entdecken.
Lasst uns den Wunsch wecken, der Welt unseren Fußabdruck zu hinterlassen.
Lasst uns Spaß an der Zukunft haben.
Und sie vor uns hertreiben.
Nicht vor ihr weglaufen.

Wir können das!
Wir schaffen das.
Wir sind sogar richtig gut.

Wir haben in Europa alle Möglichkeiten, ein Neues Land zu erschaffen,
um das uns die ganze Welt beneidet.
In dem jede*r gerne leben möchte.
Wir haben starke und stabile Demokratien.
Wir folgen einem humanistischen Weltbild.
Wir haben die besten Handwerker*innen,
herausragende Ingenieur*innen
und ein sehr gutes intaktes sozio-ökonomisches System.

Die Vorteile von Freizügigkeit, Verbraucherschutz
und Energiesicherheit liegen auf der Hand.

Wie sehr ein gesunder Sozialstaat
seine Bürger*innen schützt,
hat nicht zuletzt die Coronakrise gezeigt.

Das Leben in Europa ist sicher, sauber, sozial.
Unter den 20 lebenswertesten Metropolen der Welt
befinden sich acht europäische Städte.

Europa ist immer noch das Zentrum
von Kunst und Kultur.

Und Deutschland ist nach Ansicht
der amerikanischen Nachrichtenagentur Bloomberg
derzeit die innovativste Nation der Welt.

Nach sechs Jahren hat die Bundesrepublik
Südkorea von der Spitze des Bloomberg Innovation Index
verdrängt.
Vor allem wegen
der weiter hohen Zahl an Patentanmeldungen,
der Dichte von High-Tech-Unternehmen und
der Wertschöpfung in den hiesigen Fabriken.

Zwar zählen wir nicht mehr in allen Branchen zur Spitzengruppe,
aber beispielsweise hielt Deutschland im Jahr 2019
bei der Windkraft rund 21 Prozent der weltweiten Spitzenpatente
und zog damit mit den USA gleich.
Stark sind deutsche und europäische Firmen auch
in der Impfstofftechnologie, die seit der Coronakrise enorm an Bedeutung gewonnen hat.
Hier gab es in Deutschland ein Wachstum
von gut drei Prozent der Weltklassepatente im Jahr 2000

auf über zehn Prozent im Jahr 2019.
Und das sind nur einige Beispiele.

Mit anderen Worten:
Wir haben auch im Neuen Land das Potenzial, vorne mitzuspielen,
formulieren wir diesen Anspruch also ganz klar.
Legen wir die Latte wieder höher.
Und vor allem springen wir drüber.

Oder um es mit Julia Engelmanns Text aus ihrem Buch »Eines Tages, Baby« zu sagen, den sie beim Poetry Slam
in meiner Heimatstadt Bielefeld vorgetragen hat:

> »Also lass uns doch Geschichten schreiben,
> die wir später gern erzählen.
> Lass uns nachts lange wach bleiben,
> aufs höchste Hausdach der Stadt steigen,
> lachend und vom Takt frei die allertollsten Lieder singen.
> Lass uns Feste wie Konfetti schmeißen,
> sehen, wie sie zu Boden reisen
> und die gefallenen Feste feiern,
> bis die Wolken wieder lila sind.
> Und lass mal an uns selber glauben,
> ist mir egal, ob das verrückt ist,
> und wer genau guckt, sieht,
> dass Mut auch bloß ein Anagramm von Glück ist.
> Und – wer immer wir auch waren –
> lass mal werden, wer wir sein wollen.
> Wir haben schon viel zu lang gewartet,
> lass mal Dopamin vergeuden.
> Lass uns möglichst viele Fehler machen,
> und möglichst viel aus ihnen lernen.

Lass uns jetzt schon Gutes säen,
dass wir später Gutes ernten.
Lass uns alles tun,
weil wir können – und nicht müssen.
Weil jetzt sind wir jung und lebendig,
und das soll ruhig jeder wissen,
und – unsere Zeit, die geht vorbei.
Das wird sowieso passieren
und bis dahin sind wir frei
und es gibt nichts zu verlieren.«

Genau:
»Was Gutes säen« – das wäre es.

Ja, ich will weniger meckern und mehr gestalten.
Welche Möglichkeiten haben wir also,
um innovativer und mutiger zu werden?

Wenn ich jetzt sage,
wir müssen die großen und kleinen Vermögen dieses Landes aktivieren,
es muss im Neuen Land einen Innovationsbeitrag, eine Innovationsabgabe geben, also,
dass jede*r ab einem bestimmten Vermögen
ein Prozent seines Vermögens pro Jahr in Innovation investiert,
dann werden die meisten
sagen:

Ach du meine Güte, jetzt kommt sie mit einer Vermögenssteuer!
Das soll die Lösung für mehr Innovation sein?
Das ist doch nur wieder eine Strafe für Besitz und Wohlstand!
Danke, Frau Pausder! Wie originell!

Ich könnte erwidern,
dass es eine Abgabe ist, für die es Rendite gibt,
man könnte das Geld in staatlich zertifizierte Innovationsfonds investieren.
Die wiederum von professionellen Fondsmanager*innen verwaltet würden.
Und diese neuen Fonds würden sich
an Innovationen
sowie
an gesellschaftlich-relevanten, förderungswürdigen Themen beteiligen.

Aber wieder würden alle nur hören:
Abgabe!
Steuern!
Mehr Geld von den Bürger*innen!
Angriff auf das Vermögen!
Und, Frau Pausder, Steuern dürfen nicht zweckgebunden sein!!

Dennoch sehe ich enormes Potenzial:
Das Geld ist ja nicht weg,
es ist eben keine Steuer,
sondern eine Investition in Innovation.
Bürger*innen könnten an Zukunftsmodellen partizipieren.
Wir retten sozusagen unser eigenes Land aus der Mitte heraus,
aus eigener Kraft,
wir sozialisieren die Chancen,
und verstaatlichen nicht weiter die Verluste.

Und ein angedachter Innovationsbeitrag führt
nicht wie die Vermögenssteuer zu einem panischen Wegzug,
sondern stärkt den Wirtschaftsstandort
und damit unsere Zukunft.

Das wäre auch eine Einladung,
an die Bürger*innen, die das Alte Land aus Steuergründen
verlassen haben:
Kommt zurück, um das Neue Land mitzugestalten!
Wir brauchen jede*n.
Wir brauchen euch alle.

Konkrete Ideen für das Neue Land

▶ Digitalisierungsministerium
Jahrelang haben wir gedacht, Digitalisierung wird in jedem Ressort, in jedem Ministerium mitgedacht. Da brauche es keine eigene Zuständigkeit. Weil aber jeder gedacht hat, der andere denkt dran, hat keiner daran gedacht. Deshalb ist ein Digitalisierungs- oder Innovationsministerium überfällig.

▶ Innovationsabgabe
Nein, das ist keine neue Steuer, die Innovationsabgabe. Wir brauchen Investitionen in Innovationen. Wir brauchen einen Topf, einen Fonds, einen sehr großen Fonds, aus dem wir schöpfen können, der es uns erlaubt, größer zu denken. Diese Abgabe versickert nicht, sie bringt Rendite, sie macht das Land innovativer, sie sichert zukünftigen Wohlstand.

UND JETZT?

Was machen wir jetzt damit?
Was habe ich vor?
Warum dieses Buch, warum in dieser Form?

Die Erklärung: Ich will mich einmischen. Ich möchte mich selbst in die Pflicht nehmen – uns alle mehr in die Pflicht nehmen. Zum Diskurs aufrufen!
Und dazu muss man den Mund aufmachen. Aufschreiben, wofür man steht.

Aber vor allem will ich zum Machen anstiften!

Nicht nur darüber reden, was wir alles ändern würden, sondern es einfach mal tun. Und sei es noch so ein kleiner Schritt, mag es uns noch so unbedeutend vorkommen. Aber diesen ersten Schritt müssen wir jetzt gehen.
Und irgendwann kommen wir rein, irgendwann wollen wir weiterlaufen, werden die Schritte größer, kommen wir dem Ziel näher. Dem Ziel, ein Neues Land zum Leben zu erwecken. Es zu gestalten, es zu verändern, es mit Leben zu erfüllen. Es für unsere Kinder zu erschaffen.

Es geht nicht darum, dieses Neue Land zu vermessen und zu kartografieren, sondern es aktiv zu beeinflussen, Pflöcke einzuschlagen, es tatsächlich entstehen zu lassen. Fangen wir doch jetzt gleich an.

Machen wir heute Nachmittag eine Zukunftsstunde mit unseren Kindern, zuhause, am Esstisch, setzen wir uns hin und schauen, was alles mit dem Smartphone möglich ist.
Oder, sind Sie Führungskraft? Nehmen Sie doch ab heute regelmäßige Videobotschaften für ihre Mitarbeiter*innen auf, informieren sie über aktuelle Entwicklungen, lassen sie sie an ihren Gedanken teilhaben. Das geht mit dem Handy. Da gibt es keine arbeitsrechtlichen Bedenken, keine

Hürden, da gibt es nichts, das dagegenspricht, nicht mal: »Ich habe keine Zeit für so was!« Oder richten Sie endlich E-Mail-Adressen für alle Mitarbeiter*innen ein. Das ist ohnehin überfällig. Holen Sie sich einen jungen Menschen in den Beirat Ihres Unternehmens. Fragen Sie junge Menschen um Rat, hören Sie ihnen zu, lernen sie ihre Weltsicht kennen. Die sind viel schlauer, als Sie denken.

Schicken Sie Ihre*n Systemadministrator*in in die Grundschule Ihrer Kinder! Helfen Sie mit, eine digitale Infrastruktur aufzubauen. Geben Sie einer jungen Frau Führungsverantwortung. Ja, die kann das. Sie werden überrascht sein. Verlieren Sie dabei die jungen Männer nicht aus dem Blick, auch besonders nicht Menschen mit Migrationshintergrund, bemühen Sie sich um Balance, um Diversität und reden Sie nicht nur davon.

Oder melden Sie Ihre Tochter beim Fußballverein an. Oder beim Programmierkurs. Lassen Sie sie kicken, lassen Sie sie in Männerdomänen vorpreschen. Oder treten Sie in eine Partei ein und vertreten Sie dort, was sie denken, statt vom Sofa aus in die Welt zu twittern, was die Politiker*innen besser machen sollten.
Wenn Sie Vorstand eines Unternehmens sind, nehmen Sie Elternzeit. Sie kommen danach glücklicher und geerdeter zurück – und sind ein großes Vorbild für andere. Oder gründen Sie endlich. Ist doch schon lange ein Traum von Ihnen. Bauen Sie ein Unternehmen auf, setzen Sie Ihre Idee um, schaffen Sie Arbeitsplätze, inspirieren Sie Menschen! Legen sie jetzt los! Schauen Sie heute Abend keine Netflix-Serie, sondern schreiben sie alle Gründungsideen auf, die sie haben und fangen Sie an zu recherchieren.

Bewerben Sie sich im Digitalministerium! Und wenn keiner antwortet, helfen Sie mit, endlich ein Digitalministerium aufzubauen! Oder gehen Sie für Ihre Nachbarn einkaufen. Jetzt! Gehen Sie rüber, klingeln Sie und

fragen Sie, ob er oder sie etwas benötigt. Sprechen Sie miteinander!
Seien Sie präsent!
Kommen Sie aus der Deckung!

Deshalb dieses Buch. Jetzt verändern wir. Jetzt zeigen wir Haltung, jetzt werden wir mutiger und zeigen, wie wichtig es ist, aufzustehen, voranzugehen, umzusetzen – auch und gerade für unsere Kinder, für die nächsten Generationen. Das Ziel dieses Buches ist erreicht, wenn ich Bilder des Neuen Landes in Ihren Köpfen zum Leben erweckt habe. Bilder, die eine Sehnsucht entfachen, in diesem Land leben zu wollen. Seine Geschichte weiterschreiben zu wollen.

Denn einer Haltung sollte auch eine Handlung folgen.

Werden wir jetzt zu aktiven Gestalter*innen unserer Zukunft. Das Neue Land ist unser Vermächtnis. Für das Neue Land tragen wir die Verantwortung.

Jetzt füllen WIR es mit Leben.